JN016558

子どもの登園しぶりに困ったら

保育士、看護師からのメッセージ

しあわせお母さんプロジェクト

彩流社

まえがき

この本は、「しあわせお母さんプロジェクト」という保育士と看護師のチームで書き上げました。

２０１９年末に世界で最初の患者が報告されてから、瞬く間に世界中にパンデミックが拡がった新型コロナウイルス感染症。日本でも、２０２０年は感染者が増加し続け、未曾有の事態は私たちの生活様式を一変させました。

緊急事態宣言が発出され、街からは人が消え、人と接することを控えなければならないコロナの渦に巻き込まれたのです。

子育ての悩みや迷いを誰にも相談できない、気晴らしに外に出ることもできない。そんな状況の中で子育てをする保護者の悲鳴のような声が、SNS上にあふれました。具体的な支援はできないけれど、子育ての楽しさを感じていけるよう何かお役に立ちたいと思い、SNS上で子育て相談をスタートしたのが「しあわせお母さんプロジェクト」のはじまりでした。

世の中がいくら変わっても、子どもの姿は変わりません。生まれて育っていく環境や背景、文化は日々変化していますが、子どもが育とうとする力、その姿、そして生きようとする一人一人の発達そのものが偉大であり、とても愛しい存在であることに変わりはありません。

同時に、そのお子さんを抱え、全身でその命を守っている保護者の方の思いもまた変わることはないのです。

SNSの普及で、人とつながるのはとても簡単になりました。今まで出会うはずのない人や接点のない人とも、寂しさや不安を打ち明ける相手としてつながることができ、出かけていかなくてもいつでも情報を発信しあったり共感しあったりできるのです。

しあわせお母さんプロジェクトには、子育てという旅の途中で、今まで誰も予想していなかったコロナ禍に見舞われた保護者の方々からたくさんの質問を寄せていただきました。

情報にあふれ、スマホ一つでたくさんの子育ての仲間とつながれる反面、その旅は孤独であり、闘いであり、不安なものであることが伝わってきました。

私たちは、職種や立場や環境などはさまざまですが、保育者として寄せられた質問に向き合ってきました。

そして、お子さんを必死で抱きしめながら旅をしている保護者の方をとても愛しく感じ、質問に答えながら私たちの方が幸せを感じていることに気付いたのです。

この思いを届けたい。

子育ては旅の途中であり、子どもは一緒に旅する仲間であることを伝えたい。そして、子どもを支えるお母さんやお父さんなど保護者の方も、尊い存在であることを伝えたい。

私たちの思いはそこにあります。

この度、子育てでぶつかる「登園しぶり」を軸としたメッセージをお届けする機会をいただきました。世の中は、多様性を尊重し受けとめていこう、「個」を大切にしていこう、と叫ばれるようになりました。

「登園しぶり」は、そこでぶつかる大きな難関です。目の前のわが子にどう関わりどう受けとめるのが最善なのかと、大切に思うからこそ迷い悩んでいる保護者の方に、何かを示すのではなく子育ての伴走者としてできることを模索することからはじめました。

仲間として、また少し先を行く経験者として。そして保育の現場で〝今〟を一緒に生きる者として。私たちに何かできることはないか考え、それぞれの思いを執筆させていただきました。

育児の悩みも、ＡＩ（人工知能）が解決してくれる世の中になりましたが、ハウツー本としての策や方法ではない〝子育ての旅人〟に向けたメッセージを贈らせていただくことができたらとても幸せです。

目次

Question 3

Tea Time

4章

環境が変わった時に…… 123

5章

体調が悪いのかなと思ったら……173

※本文中で「保育園」と表記している箇所は、
お子さんが幼稚園やこども園に通われている場合は
「幼稚園」「こども園」と読み替えてお読みください。

しあわせお母さんプロジェクト メンバー

阿部 美波
保育士。放課後等デイサービス・児童発達支援事業所に勤務。４歳の１児の母。２章Ｑ２～３、４章Ｑ３の執筆を担当。

伊澤 幸代
看護師。大学病院・個人クリニック等に20年勤務後、保育園に勤務。成人した２児の母。４章Ｑ２、５章Ｑ１～３の執筆を担当。

加藤 麻衣
保育士。保育園勤務。現在１歳児を担当。15年以上保育に携わる。１章Ｑ２～３、４章Ｑ１の執筆を担当。

平出 朝子
保育士。保育園勤務。28年以上保育に携わる。娘の子育て（孫２歳）のサポートに奮闘中。各章末のコラム「Tea Time」の執筆を担当。

矢島 弥生
保育士・公認心理師。相談支援専門員、保育所等訪問支援員として勤務中。成人した３児の母。６章Ｑ１～２の執筆を担当。

河合 清美〈代表理事〉
保育園園長、保育士向けの研修講師。30年以上保育に携わる。大学生・高校生の２児の母。１章Ｑ１、２章Ｑ１、３章Ｑ１～３、４章Ｑ４～５の執筆を担当。

1章

はじめての園生活、毎日の涙

0～2歳ごろ

「ママがいい！」であたりまえ。
泣き顔は、
「世界で一番ママが大好き！」
というメッセージです。
子どもは園に通う経験を通して、
大人への信頼感を広げていきます。

Question 1

ママ、パパにべったりなわが子。小さいうちから園に預けて大丈夫か心配です。

●入園という変化を親子で一緒に乗り越えていくために

入園は子どもにとっても、保護者にとっても生活が大きく変わります。

「はじめは泣くだろう」と予想しているものの、別れ際に大泣きされてしまったり、泣く日が続いたりすると心配になるものです。

「こんなに小さなうちから預けてしまって、かわいそうなことをしているのでは……」と、朝の泣き顔に心が揺れ動くこともあります。

この時期を前向きに乗り越えていくために、発達の背景を抑えておきましょう。

●ふれあいで分泌される愛情ホルモン

お母さんは赤ちゃんが生まれてから、どのくらいの時間、わが子を腕の中に抱いているでしょう？　どのくらいわが子と触れあっているでしょう？

授乳・おむつ替え・お風呂などの生活の援助、泣きぐずれば抱っこをしてあやし、抱っこをしたまま散歩したり買い物をしたり……。

夜中の授乳もあり寝不足の状態で、不慣れな動きから身体に歪（ゆが）みが生じて、肩こり・腰痛・腱鞘炎（けんしょうえん）……。疲れと共に、育児の不安もいろいろ抱えたことでしょう。

それでも日に日に大きくなるわが子の成長はうれしく、愛おしさも増してきたのではないでしょうか？

肌と肌のふれあいは、オキシトシンというホルモンを分泌させます。

このオキシトシンは愛情ホルモンとも呼ばれています。

人間の赤ちゃんは、抱っこをしてもらわなければ生きていけない状態で生まれてきて、抱きしめてもらう生活を通して、人間としての愛情が芽生えていくのです。
人間ってすごいですよね。

毎日の生活の中で触れあうたびに、お母さんからも赤ちゃんからもオキシトシンは分泌され、親子としての愛着関係が結ばれていくのです。

●心の安全基地をつくる0歳期

0歳の後半ごろ、赤ちゃんは積極的にふれあいを求めてきます。
人がわかるようになるからこそ人見知りをして、他の人に抱かれることに抵抗するようになります。お母さんが少し離れると、泣いて追いかけてきます。トイレにもゆっくり行けないくらい、「ママ！」「ママ！」とくっついてくるお子さんもいます。

この時期の〝愛着〟によりお母さんは、絶対的な安全基地となります。
母親以外の人との関係へと世界を広げていく準備段階として、心の安全基地はとても大切です。

お母さんは赤ちゃんの要望に応えながら、たくさんの時間と体力を費やし、努力の上に世界でナンバーワンの存在となってきたのです。

赤ちゃんにも個性があり求め方はさまざまですが、心の安全基地をつくる頃と入園の時期が重なると、泣き方は激しくなります。

泣かれると心配になるかもしれませんが、そもそも、赤ちゃんが生まれてからのお母さんの努力の結果＝「世界でナンバーワン」を、保育所等が簡単に上書きできるわけがないのです。「ママがいい！」であたりまえなのです。

離れるときの泣き顔は**「世界で一番ママが大好き！」というお子さんからのメッセージ**です。

別れ際の泣き顔も、「世界で一番大好き！」というメッセージとして受け取ってみると、心配も少しはやわらぐのではないでしょうか？

●小さなうちから預けるのは「かわいそう」ではない

育休を長く取得できる人もいれば、幼稚園からの集団保育を希望する方もいて、0歳、1歳ではまだ保育所等を利用しない人も少なくありません。

「小さいうちから預けるなんて、親の都合だしかわいそう……」と周囲から言われてしまう、そんな周囲の目が気になってしまう、という方もいるかもしれません。


しかし現在、私たちは、男性が中心であった社会から、女性が活躍する社会へ移り変わっている変化の時代の中で子育てをしています。

保育所等に子どもを預け、社会でも活躍する女性が増え、男女分け隔てなく協力し合って子育てしていく時代へと、どんどん変化しているのです。

保育所等は、〝かわいそうな子を預かっている〟のではありません。

厚生労働省の「保育所保育指針」では、保育所等は「幼児教育を行う施設」として、子どもたちの発達や成長を早い時期からサポートするという社会的役割が位置づけられています。

「小さいころから預けるなんてかわいそう……」の声は、古い時代の名残だと考えて、子育ての概念を積極的に変えていきましょう。

●愛着関係から「基本的信頼感」へ

子どもは保育所等に通い始めると、さまざまな力を獲得していきます。

その一つが、「**基本的信頼感**」です。

ピッタリとくっついたイメージの愛着関係とは少し違います。

基本的信頼感とは、大好きなお母さん、お父さんは**「行く」けど「戻ってくる」と信じられること**です。

〝行く〟と〝戻る〟がセットになっていて、離れている間も「自分は愛されている」と信じる力。お母さん、お父さんが見えなくても信じている状態です。

子どもは家庭内でたくさんふれあい抱きしめられながら、もっとも身近な大人との愛着関係を深めてきました。この愛着関係をもとにして、「基本的信頼感」という次のステップに進んでいくのです。

●成長する未来へ目を向けて

個人差はありますが、多くの子どもは入園から1～2カ月もすれば、保育者が「おいで」と差し出す手に、泣かずに移っていくようになります。

「かわいそう……」「申し訳ない……」「大丈夫かしら?」とドキドキしている気持ちは、わが子を抱きしめる腕からもお子さんに伝わってしまいます。

「うちの子なら大丈夫!」

「私たちなら大丈夫!」

離れても心がつながっていることを、まずは大人である私たちの方から信じることが大切です。

子どもは園に通う経験を通して、「離れていても大丈夫」という信頼感を獲得し、親とは違う身近な大人＝保育者への信頼を広げていきます。

園にいるあいだは、保育者を心の安全基地としながら、新しい友達・新しい遊びへと、興味関心の世界を広げていきます。

「ママがいい！」という泣き顔の先に、お子さんの未来が広がっているのです。

泣いても大丈夫！　愛情は伝わっていきます。「かわいそう」と思わず、子どもを信じてみましょう。

Question 2

送り迎えの時は、どんなふうに子どもに接したらよいのでしょうか?

●温かな家庭の土台があれば大丈夫

「泣いちゃうかな?」

「ごはんは食べられるかな?」

「寝られるかな?」

「すぐに慣れるかな?」


きっといろいろな不安を胸に始まった保育園生活。家庭で温かく過ごしてきた中で、ここで初めてわが子と離れるという方も少なくないのではないでしょうか?

子どもたちにとっては、初めての保育園との出会い。初めての場所、初めての人。

未知との出会いですね。

〝知らない〟というのはとても怖いものです。

大人も、知らない場所、知らない人がいる中に突然入るのはドキドキですよね。子どもが未知の場所へ行く時、親としても大きな不安に包まれるのは当然です。

実際に、見送ってからそっと涙を流していた保護者の方もいました。子どもだけでなくお母さん、お父さんたちも、それだけ不安な気持ちをぐっとこらえて仕事へと向かっているのだと強く実感しました。

お子さんが登園してからも、なかなかお母さん、お父さんから離れられずにいると心配になると思いますが、逆に言えば、今まで家庭がそれだけお子さんにとって心から安心できる場所になってきたということです。泣いている姿はこれまで愛情をたっぷり注いできた証というわけです。
その**温かな家庭の土台があるからこそ、子どもたちも社会へと飛び出していける**のです。

●登園・降園時のポイント

保育園は子どもたちにとっては初めて出会う小さな社会、大事な学びの場、かけがえのない成長の場です。

心配の気持ちを少しだけ、子どものこれからの成長への願いに変えて、「行ってらっしゃい！」と背中を押してあげる気持ちで送り出していただければと思います。

とは言っても、最初はきっと「ママ～！　パパ～！」と涙を流してのお別れになるかもしれません。そんな時、どんな言葉をかけてあげたらいいでしょうか？　今まで実際に保護者の方に伝えてきた具体的なポイントをいくつかお伝えします。

Point

・「行ってきます」と「ただいま」をセットで

登園の時には、「行ってきます」をはじめ、次のような言葉をかけてあげましょう。

「仕事行ってくるね。」（お母さん、お父さんの予定）
「保育園楽しんでね。」（園で過ごすことの前向きなイメージ）
「必ず迎えにくるからね。」（迎えにくる見通し）
このような「行ってきます」の言葉と、お迎えの際の「ただいま！ 待っていてくれてありがとう」という言葉をセットにすると、0歳児であっても毎日の繰り返しの中で、**〝離れるけれど、必ず帰ってくる〟**という見通しが少しずつ持てるようになってきます。この**言葉と行動の一致が信頼感にもつながります**。

Point
・「ごめんね」よりも「ありがとう！」

時折、お迎えに来た時にお母さんやお父さんに会えたうれしさで泣いてしまった子を見てつい、「ごめんね」と声をかける姿を見かけます。

「ごめんね」よりもぜひ、「待っていてくれてありがとう」と声をかけてあげてください。

「ごめんね」と謝ることで、仕事は悪いことなんだ、謝ることなんだ、自分が保育

園にいることはよくないことなんだ、とネガティブな印象を持ちやすくなります。

それよりもポジティブに「楽しかった？」「何して遊んだの？」など園で過ごした楽しいことを聞いて、一緒にたくさん共感していきたいですね。それが次への楽しみへとつながっていくことと思います。

Point・保育者とおしゃべりを

お母さん、お父さんが保育者とおしゃべりをすることで、子どもは「お母さん、お父さんと話をしている人なら少し安心」という気持ちを持てます。子どもたちは大人が思う以上に周りを、とくにお母さん、お父さんを見ています。

「知らない人ではないよ、お母さんもお父さんも知っている人だよ、安心してね」のメッセージを送るつもりで保育者とお話ししてみてください。

また、保育者も保育園が安心できる場所となるよういろいろな工夫をしようとしていることと思います。それにはまず、保育者がお子さんのことを知ることが一番です。

保育士である私も実際、「どんなおもちゃが好きですか?」「どんなことで遊んでいますか?」「好きな歌はありますか?」「苦手なことはありますか?」など、いろいろなことを保護者の方に聞いています。

お子さんの好きなもの、苦手なこと、どんなことでも構わないのでぜひ担任の先生に伝えてみてください。これからお子さんを共に育ててゆくパートナーとして、まずはお子さんの話をたくさんしてみてください。

●見通しの力を楽しみに変える

お子さんによっては、なかなか泣き止まずに2~3カ月経っても泣きが続くこともあると思います。とくに2歳を過ぎてくると、お母さんやお父さんと離れるという見通しが持てるようになり、泣きが続くということがあります。

そんな時には、その見通しの力に働きかけるように、保育園でやりたいこと、楽しみなこと、会いたい友達、先生、おやつや食事など、その先にある楽しいイメー

ジを一緒に考えてみるのもいいかもしれません。

「今日は何で遊ぶ?」「○○ちゃんいるかな?」「今日のごはん何かな?」

そんなやりとりをするのも楽しいですね。

実際に、「イヤイヤしていたけれど、『○○先生いるかな?』と言ったら、『この洋服、○○先生に見せるんだ〜!』と泣き止み、張り切って来ました」という方もいました。

●決めたことはぶれずに

お母さん、お父さんの前だと、甘えたい気持ちから泣いて気を引こうとすることもあると思います。

泣いた時に、いつもより構ってくれた、そばにいてくれた。そんな経験をすると、「泣いたらそばにいてくれるんだ」と、より泣きが強くなることもあります。

そんな時は、時間をかけて気持ちを親子で整えるのも一つ。また、行ってらっしゃいと背中を押して身を引くのも一つ。

どちらにせよ、泣いているから……とお母さん、お父さんが揺れ動いていると、その心はお子さんにも伝わります。

仕事に行く、保育園に行く、と決めたならば、**その軸はぶれずに接していればお子さんにもその気持ちは伝わる**ことと思います。

いざ登園してみると、「登園時は泣いていましたが、あの後しばらくすると泣きやみ、遊び始めていましたよ」と保育士から聞くことも多いのではないでしょうか？　一歩踏み出してしまえば、お友達や先生やおもちゃがきっかけで、気持ちが切り替わり過ごしていく、適応する力は持っているのです。

ぜひ「たくさん楽しんでね！　また楽しかったこと教えてね！」と保育園での成長を願いながら送り出してあげてください。

コミュニケーションの中で、園での楽しいイメージを持てるようにしてみましょう。

Question 3

登園時、毎日のように泣いてしまうわが子。終わりが見えず、つらいです……。

泣くのも大切なこと

子育ての中での心配事は尽きないものです。登園しぶりは保育園で最初にぶつかる心配事でもあると思います。

しかし、こんなに追いかけて求めてくるのは人生の中で今しかないのです。これから歩んでいく長い人生の中で、この「ママがいい！」「パパがいい！」と泣いて求める時期は本当にあっという間だと思います。

泣くということはネガティブに捉えがちですが、思い切り泣くのも大切なことです。

泣くのもその子の権利。そして意思が強い子ほどよく泣きます。

私の経験では4月から1カ月ほど泣き続けていた子もいましたが、5月の初めにはすっと泣くことが減り、園生活を謳歌し始めていました。

泣きで見せた意思の強さは、きっとこれからの生活の中で良さとして発揮されていくことと思います。

また、泣かれないのも寂しいものです。

あっさりと遊びに向かっているお子さんに、必死に「行ってくるね～！」と手を振る保護者の後ろ姿をほほえましく見送ることもありました。

今の時期だけの、「ママがいい～！　パパがいい～！」の愛しい時間をぜひ大切にしてください。

一つ悩みが出てくるたびに、渦中では「ずっと悩み続けるのでは」と途方もなく感じるかもしれません。

しかし、あっという間にそんな悩みも懐かしく感じる時が必ず来ます。

大丈夫です！　これから子どもの世界が広がっていく喜びを一緒に見つけていきましょう。


お子さんの世界はどんどん広がっていきます。悩む時間は、振り返ればあっという間です。

入園は新しい居場所への冒険

私は保育者として、保育の現場でたくさんの子どもたちと毎日を過ごしていますが、その中で「親の目線」と「子どもの目線」とのバランスをどんなふうにとっていったらいいのかということを日々考え、模索しています。

保育者としては、何といっても子どもの気持ちをくみとることが第一で、まだ言葉での感情の表出が未成熟な乳幼児だからこそ、その代弁者になることが私たちの役割だと思っています。

しかし、世の中が複雑に変わり、私たちの生き方も多様化してきました。家庭や家族のあり方も変化し、子どもたちはいろいろな生き方をしていく大人の中で生まれ育っていく時代になりました。

自由が叫ばれる今だからこそ、家庭の中でも社会の中でもモデルがないが故に、孤立したり迷ったりしている保護者の方を多く見かけます。

世の中がどんなに大きく変化しても、子どもの育ちや、子どもと養育者であるお母さん、お父さんとのつながりは今も昔も変わりません。

おなかの中で大切に大切に育まれ、この世の中に生まれてきた赤ちゃん。小さくて、頼りなくて、壊れてしまいそうな赤ちゃんとの対面は、生涯忘れることはない感動と喜びでいっぱいだったことと思います。

そして同時に、ものすごい責任と押しつぶされてしまいそうな不安を抱えることになった瞬間ではないでしょうか。

そんな張り詰めた気持ちの中で、笑った！ 泣いた！ 怒った！と赤ちゃんの表情に一喜一憂しながら、愛着関係はしっかりと結ばれていきます。

赤ちゃんもまた、家族や家庭という安心できる基地から徐々に社会に出ていくようになります。

その最初の場所が、保育園や幼稚園です。温かくて、無条件に守ってくれる最高に安心する基地を出て、初めて身を置く場所です。

私は、一生懸命に力の限り泣く新入園児を見ると、愛しさと共感と、これからその子にとってたくさんの居場所ができますように、という気持ちでいっぱいになります。

同時に、不安でいっぱいの表情で後ろ髪を引かれながら仕事に向かう保護者の背中に、精いっぱいのエールを送りたくなります。


入園したての保護者の方からよく、どんなことを心得ていればいいのか聞かれます。そんな時、私はこんなふうに話します。

「一緒に悩み、一緒に泣いて、そして一緒に保育園に来てください。お子さんが保育園に行きたくないと泣いたら、十分に受け止めて、否定しないであげてください。絶対に迎えに行くからね、お母さんも頑張るよ、と話してあげてください。そしてお母さん自身の気持ちをお子さんへの気持ちと同じくらい大切にしてください。お子さんと離れている時間は、その何分の一でいいから自分のために使ってください。」

お子さんは、温かい基地から放り出されたのではなく、新しい居場所をつくりに冒険に出かけたのです。信じて送り出してあげてほしいと思います。

基地が温かければ温かいほど、必ず安心して新しい居場所を見つけて楽しめるようになります。

そしてお母さん、お父さん自身もちょっぴりでもいいので、自分の世界を楽しむ冒険を始めてみてください。

2章

とにかくイヤイヤ、
行きたくない！

2～3歳ごろ

ポイントは
「受け止めるけれど、受け入れない」
「意地にならない」。
ちぐはぐなおもしろさも
子育ての宝物です。

Question 1

なんでもかんでも「イヤ！」と言うのはどうしてなんでしょうか？

●とにかくイヤイヤ！に困っていますね

仕事へ行く時間は決まっている。時間との闘いの朝、登園を「イヤ！」と言われると困ってしまう……。「もう！　いい加減にして！」とイライラすればするほど逆効果。

もしくは、下の子が生まれる前後の産・育休中や在宅ワークで朝はそんなに急いでいない。それを察しているのか、なんだかんだと言っては行きしぶる。子どもに合わせる時間があるからこそ、親はなだめたりして様子を見ている。

けれどイヤイヤがエスカレートしていく感じがして、関わり方はこれでいいのかと迷いが大きくなる。

こんな状況は、多くの人が経験したことがあるのではないでしょうか。

身近な大人を困らせる天才ではないかと思うほどの年齢、2歳~3歳ごろ。

この時期はお子さんと少し心の距離を保ち、先を見通した視点が広がっていくと、状況はすぐには変わらなくても、悪循環が起きにくくなります。そして、少しゆとりを持って見守ることができ、心が少し楽になります。

●成長したからこその「イヤ」

自分で歩けるようになった、自分で食べられるようになった、自分から思いを伝えられるようになった。

子どもは生まれてからこれまで、一つ一つ成長の階段を上ってきました。

2歳ごろまでには〝初めての〇〇〟のように成長の思い出が増えてきたのではな

いでしょうか？

子どもも自身も、自分でできる喜びを蓄えながら大きくなっていきます。自分でやりたいし自分で決めたい。自分で！　自分で！という気持ちが膨らんできた結果が「イヤ！」なのです。

「○○しようね」「○○してね」に対して、自分で決めたいから「イヤ」なのです。

その時々の瞬間の、目の前の〝○○をするか？　しないか？〟という視点だと、「○○しよう」「イヤ」の対立で堂々めぐりになってしまいます。

自分で考えたいからイヤ。
自分で決めたいからイヤ。
自分でやりたいからイヤ。

子どもは言語を獲得している最中ですから、シンプルに「イヤ」や「ダメ」を使って表現していますが、それは**自立を求めている意思表示なのです**。

その視点で見ると「イヤ」という姿も愛おしく尊く感じますが、エネルギー全開の子どもを目の前にする瞬間は、「愛おしい」などと感じるゆとりはありませんよね（笑）。

私たち大人にも、人間としての感情があり、イライラすることもあるからです。第三者の立場で関わっている保育者でさえも、感情コントロールを必要とするのですから、親として苛立ちや焦りを感じるのは当然のことなのです。

こんな、暗く長いように感じるトンネルも出口が見えれば安心できます。「イヤ」という時期の次の段階を見通しながら、関わり方を整理していきましょう。

●コミュニケーションの土台をつくる時期

「『イヤ』を何でも許していたら、わがままになるのが心配です。」

「イヤ」への対応に関する質問と同時に、保護者の方からこうした言葉をよく聞きます。「わがままにならないように」という大人の思いは、**他の人と円滑なコミュ**

ニケーションをとれるように育ってほしい、という願いが含まれていると思うのです。（何でもかんでも、人の言うことに従順なイエスマンに育てたいわけではないと思うのです。）

強い自己主張で思いを通そうとするのではなく、他者と調和をとりつつも、自分の意見は言葉で表現できる。イヤイヤ期は、そんなコミュニケーション力を磨いていく大事な時期なのです。

「わがままにならないように」と願うからこそ、**自己コントロール力という次なる力の芽生え**を見通したいものです。それを見通すと「イヤ」への付き合い甲斐(がい)が生まれます。

イヤイヤは成長の過程で避けては通れない道なので、付き合うことへの価値を見出して楽しんでいきたいものです。

自分でやりたい気持ちを膨らませた子は、車に例えるとアクセルだけが装備された段階です。自己抑制というブレーキはまだ装備されていません。

教習車のように、横にいる人がブレーキを踏むこともできる。子ども時代はそんな時期でもありますが、横にいる人がブレーキを踏んでばかりいたら、子どもはブレーキを踏むタイミングやその加減をいつまで経っても覚えていきません。

自分でやりたい気持ちがどんどん大きくなっていくタイプのお子さんの場合は、エネルギーが大きく成長すればするほど、ブレーキのかけ方が難しくなっていきます。

慎重で、アクセルをそーっと踏むようなタイプのお子さんの場合は、隣の人がブレーキを踏んでしまえば、自ら前に進んでいこうとする原動力を失ってしまいます。

子ども自身がアクセルとブレーキを使いこなしていく力が自己コントロール力です。

この先、子ども自身が自分の人生を自分の力で充実したものにしていくために、〝今〟の付き合い方を整理してみましょう。

●人として基本となる欲求を満たしながら

人が人として生きていくためには、誰かに共感してもらいたいものです。人は生まれながらにして「同調・共感欲求」というものを持っているからです。

移動することも、食べることも大人の手が必要だった赤ちゃんから成長し、自分の意志で安定して歩き出す頃に、「イヤイヤ」が始まります。「イヤイヤ」と言いながらも、人と共感する安心感、自分の気持ちをわかってもらえる安心感を心の底では求めているのです。誰かに「おんなじだね！」「一緒だね！」と言われる安心感が、自立に向かう心を安定させるのです。

同じであることに安心したり喜びを感じたりする「同調欲求」や、自分の気持ちをわかってもらいたいという「共感欲求」が芽生えてきます。

「そうだよね」と言われたら、泣きたい気持ちや怒っている気持ちは半分になったように感じる。楽しいこと、嬉しいことは2倍になったように感じる。これは大人も同じだと思います。

楽しいこと、嬉しいことには共感しやすいのですが、子どもの「イヤ！」「だめ！」には共感しにくい。大人にも心がありますから当然のことです。

泣いている時、怒っている時の関わりは、**「共感」よりも「同調」のほうを意識すると**、対応する大人側の気持ちをコントロールしやすくなります。

共感はできなくても、ひとまずいったん合わせてみる。「そうなんだね。いやなんだね」。そう言いながら、子どもの同調・共感欲求を満たし、泣いたり怒ったりする気持ちを、子ども自らが和らげていくのを待ちます。

〝気持ちを切り替える〟という思考の獲得

やりたいからやりたい。やりたくないからやりたくない。イヤイヤ期はそのようなエネルギーで〝イヤ〟という主張を繰り返す時期です。

次の段階は、「やりたいけど、今は待っていよう」「やりたくないけど、大事だからやっておこう」と**気持ちを切り替えていく思考の獲得**を目指したい時期です。

この思考の獲得は、友達とコミュニケーションをとりながら、自分の気持ちのバランスをとって、一緒に何かを楽しむ力の土台になっていきます。

また、自分の思い通りにならない困難な状況に出会った時に、目の前の現実から未来に目を向けていく心の強さの土台になります。

〝イヤ！〟が出た時は、切り替える思考の獲得を積み重ねていくチャンス！なのです。

登園時にイヤイヤをした場合は、

「そうなんだ、保育園に行きたくないんだね。（現在の同調・共感欲求を満たす）」

「保育園に行きたくない気持ちはわかったけど、お母さんもお父さんも仕事なの。」

このように、「○○だけど、△△」。この切り替える思考につながる言葉で話しかけていきます。

そして、子ども自身が自分で考える〝間〟をプレゼントします。

自分で考える力を引き出していくためにも、今すぐどうにか「うん」と言わせようとするのではなく、

・「そうなんだね」と同調し

・「○○だけど、△△なの」と現在の事実だけを示し

・考える〝間〟をとる。

ほんの少しの時間をおいたり、隣の部屋に移ってみるなど空間的に離れたり、実際に間をとることが必要です。

この頃は、子どもと密着していた乳児期から、少しずつ距離感を変化させていくことを意識していきたい時期となります。

切り替える力や自分で気持ちを立てなおす力は、長い月日をかけて獲得していく

ものです。長い月日をかけるからこそ、確かな力として身に付いていきます。

手っ取り早い解決方法はその場しのぎにはなりますが、子ども自身の力になりにくく、例えば自分の気持ちを表現することが苦手になったり、気持ちを整理できず怒りっぽくなるなど、違った形で問題が複雑化して出てくる可能性もあります。

次から次へと困ったもんだ……と思うような行動をする年代だからこそ、イヤイヤへの付き合い甲斐を見出して、子育てを楽しめるよう願っています。


「イヤ!」は自立への意思表示。そして、さらなる成長へのチャンスです。

Question 2

イヤイヤ期の理不尽な要求で、こちらもイライラが止まりません。

●イヤイヤ期の関わり方のポイント

1章でお伝えした「愛着関係」（23ページ）や「基本的信頼感」（26ページ）。このような大切な土台があってこそ、2、3歳は自分の世界が広がっていく時期にもなります。

この時期によく見られる「イヤイヤ期」も、自分の世界が広がっているからこそ現れる姿です。

イヤイヤ泣いて、怒って、叫んで、床に寝転んで、物に当たって思いを表現して、自分をアピール。さらにイヤイヤレベルが上がると、何が嫌なのか本人もわかっていない時も……。

子どもは自分の思い通りになるように、どうにかしようと考え、知恵を使っていきます。

自己表現が発達すると共に、自分の思い通りにしたい気持ちと、思い通りにいかない気持ちが混ざりあっていきます。

気持ちを表現することはとても素晴らしいことですが、子どもの成長を感じながらも、関わりに悩む保護者の方も多いです。

子どものイヤイヤの理由はさまざまですが、日常の中で多いのは「保育園に行きたくない」「まだ家で遊びたかった」。時には、よくわからない主張をしていることもあります。

毎日の忙しい朝、刻々と過ぎる時間。親の準備もある中、泣きながら「保育園行かないの」と泣く子ども。こんな状況は、多くの方が経験されているのではないでしょうか。

保護者の皆さん、毎日お疲れさまです。

心と時間にゆとりがある時には穏やかに関わることもできますが、そうでなければイライラしてしまうこともあります。

大人も人間ですので、イライラしても大丈夫です。自分を否定するのではなく、まずは自分の気持ちを受け入れてみてください。

おすすめは、一度トイレに行くなどして、一時的に距離をとり、深呼吸をして気持ちを整えた後に、子どもと関わっていくことです。

ここからは、子どもとの関わり方をご紹介します。

すぐにうまくいく時もあれば、そうではない日もあります。環境、天気などによって子どもの気持ちは変わるからです。

でも、関わり方は変わりません。関わり方を統一していくことで、日々の小さな積み重ねが子どもの力となっていくので、少し長い目で根気強く実践していただけたらと思います。

ここで大切なことは、

①「受け止めるけれど、受け入れない」
②大人が意地になっていないかセルフチェック

です。

●「受け止めるけれど、受け入れない」

まずは、①「受け止めるけれど、受け入れない」から説明します。

いったん、子どもの気持ちに同調します。「そうか～、○○したかったんだね」「うんうん、わかるよ～」と、同調して気持ちを受け止めます。

この**「同調」が一言目にあることによって、子どもは安心できる**ことが多いです。

「そうじゃないでしょ」「違う！」「ダメ、やめて」と声をかけるのはおすすめしません。否定的な言葉はさらにイヤイヤを加速させます。

子どもの行動が適切ではない時も、もちろんあると思います。

ですが、その時もまずは「同調」です。「○○したかったんだね。だけど○○だよ」

というように、同調の後に注意という言葉がけをします。

同調したことにより、子どもは気持ちを理解してくれたという安心感を持ち、注意も聞き入れやすくなっていきます。

「受け止める」といっても、全部子どもの言うとおりにすればいいわけではありません。同調（「受け止める」）の次は「受け入れない」ということも重要になります。

●「受け入れない」とは

例えば、お菓子を買わないと約束してから、スーパーに夕食の材料を買いに行ったとします。

子どもが「お菓子を買いたい。買わないのはイヤだ」と言って床に寝転びました。

大人の関わり方を「受け止めるけれど、受け入れない」の方法で考えてみると、今回は買わないと約束しているので、「買いたかったね。でも今日は夕食の材料だけ買いに来たからお菓子は買わないよ」となります。

買いたくても、今日は買わない。**小さな約束を守ることは、これから社会で生活していく中で大事なことになっていきます**。

また、ここでお菓子を買ってしまうと、子どもとしては、「買わないと約束したけれど、泣き叫んだら買ってもらえる」という誤学習につながっていきます。

子どもがお店の床で寝転んでいる姿を見て、大人としては、「お菓子を買ったら泣きやんでもらえるから買おう」と考えるのもわかります。

しかし、それを受け入れてしまうと、子どもは同じことを何度も繰り返し、今後大人も大変になることが想像できます。

その場しのぎの行動は、これからに影響していきます。

このような日々の小さな積み重ねが、約束を守れる力につながっていく大事な時間となっていきます。

話は戻り、登園しぶりへの関わり方で考えてみます。この場合も関わり方は同じです。

子どもの「保育園に行きたくない」に対してまずは同調します。「そうだよね、まだおうちで遊びたかったんだよね。でも今日はもう保育園に行く時間です」と言いきります。

この時は、きっぱりはっきり伝えます。**受け止めるけれど、受け入れません**。「行かなくてもいいよ」と言われると、子どもは「泣いて叫ぶことで保育園に行かなくてもいいことになるんだ！　またこの作戦を使おう！」と誤学習をすることが予想されます。それは今後、仕事をしていく上で保護者の方にとって、いいことではないはずです。

子どもと大人が生活していく中で、お互いに協力し合うことが必要です。大人が仕事に行く時には、子どもが保育園で過ごすことも協力の一つになります。

子どもと関わる中で、「受け止めて、受け入れる」のは大事なことです。

しかし、物事によっては「受け止めるけれど、受け入れない」ことも重要になっていきます。

「受け入れない」ことを決めて続けていくことで、子ども自身にも少しずつ気持ちは届き、お互いが過ごしやすくなると思います。

●大人が意地になっていないかセルフチェック

大切な点としてあげた2点目の「大人が意地になっていないかセルフチェック」について説明します。

子どもは、どんな時に「イヤ」と思うのでしょうか。

自分の思い通りにならなかったり、誰かに何か言われたりされたりした時が多いのではないでしょうか。

そのような時、大人自身を振り返ってみると、子どもと関わる中で、意地になる場面はありませんでしたか？

子どものことを想うからこそ、大人は「ちゃんとしなくちゃ、させなくちゃ」という気持ちを持っています。

しかし、人間は**誰かに決められ、強要されるとなぜか抵抗したくなる**という性質があり、これは「心理的リアクタンス」と呼ばれています。

人は、自分の意見や行動を他人に制限あるいは強制されると、それに反発して自分の意見や行動に固執し、禁止されていることでもやってみたくなってしまいます。このような逆の行動をとることを、心理学では心理的リアクタンスといいます。

（『他人の心がわかる心理学用語辞典』渋谷昌三、池田書店、p143）

自立心や思いやり、集中力などを育んでいきたいという大人の「意志」は大切なのですが、結果を急ぐばかりに、言葉は優しくても「早くやれるようになってほしい」という思いが、「意地」になることがあります。

●意地になりそうな時には……

大人が意地になりそうな時は、次のような方法を試してみましょう。

Point
・写真や動画をとる

イヤイヤも今しかない子どもの姿です。数カ月後には見られなくなってしまうかもしれません。貴重な様子は記録に残しておきましょう。「こんなこともあったよ～」と、お子さんが大きくなってから思い出話になります。

また、後から自分自身の子育てを振り返る機会にもなり、自分の頑張りを認めたり、子どもの成長を感じられたりします。

画面を通すことで、少しだけ状況を客観的に見られ、心の距離も取ることができます。

Point・敬語で話しかける

敬語にすると、なぜか直接気持ちがぶつからずに言葉をかけられます。「そうでしたか～。うまくいかなくて怒っているのですね」など、気持ちの上で少し距離をとることができ、意地にならずに関われる方法の一つです。

●子育ては計画通りにいかない

大人は子どものことを考えて、「この子が困らないように、しっかり知識を身に付けられるように」「ちゃんとしなくちゃ、させなくちゃ」と行動しますが、それが行きすぎると子どもも大人も苦しくなると思います。

子育ては思ったように計画通りにはいきません。そして子どもの人生の主役は子どもです。

大人が先回りすることによって、子どもの学ぶ機会が失われていくと、子どものためにはなりません。子ども自身が自分で経験して、考えて、学んでいくことが大切です。

自分で学ぶことが大切なのは、子育てにおいては大人も同じだと思います。うまくいったかなと思った関わり方でも、少し経つとその関わりがうまくいかないときもあります。それは**お子さん自身が成長している**からです。

成長に合わせて関わり方は変わっていきます。

ちゃんとしなくちゃ、させなくちゃの考えを手放して、子育てを楽しんでいけますように。

親も人間ですから、イライラするのも当然。いったん気持ちを整えるよう意識してみましょう。

Question

3

「行きたくない」の理由がわからないのですが、本当に預けて大丈夫でしょうか？

●「行きたくない」という言葉の意味

毎朝、保育園に行きたくないと言われる。毎朝、子どもが涙を見せる。そんな状況が続くと、大人の朝の準備もあり、気持ちに余裕がなくなってしまうこともあるのではないでしょうか。

「行きたくない」と言われたら、ためらう気持ちもきっとあると思います。

「行きたくない」の言葉には、子どもにとっていろいろな要素が含まれています。その意味を理解することで、子育ての楽しさにつながっていくはずです。

まずは「行きたくない」の意味を考えてみます。

例えば、保育園では人が多いのが苦手、音がうるさく感じる、公園に行きたくない、遊びたいおもちゃを友達が使っている、家で過ごしたい、などなど。うまく言葉にはできないけれど何か嫌なことがあり、それが「保育園に行きたくない」という言葉になっていたりします。

しかし、園の中で嫌なことがあるわけではなくても、「保育園に行きたくない」という言葉につながる場合もあるのです。

こちらの例として、お父さんとお母さんと一緒にいたい、体調が悪い、家のおもちゃで遊びたい、静かなところがいい、自分の世界にいたい、などがあげられます。

子どもたちの心の中ではさまざまな葛藤をしているのです。

その心の揺れ動きによって、ちぐはぐなことを言っている姿も時々見られます。

●泣きながらも給食を気にしているKくんのケース

園に来たものの、なかなかお母さんから離れられなかったKくん。泣きながら、「保育園に行かない」と言った次の言葉が、「今日の給食は何？」。泣きながらも給食のメニューが気になる様子。その日はからあげで、うれしそうな表情になりました。子どもなりに気持ちの落としどころを考え、給食が子どものパワーになっているようにも思います。

それからは泣きながらもその日のメニューを見るようになり、お母さんが「私も食べたいな～」と伝えると、「ダメだよ！　保育園の子だけ。お母さんはお仕事があるでしょ」なんて言葉が返ってきたときもありました。大人はおもしろさに笑いをこらえた瞬間でした。

別の日には、「保育園行かない」と泣きながらも、「今日のお迎えは何時に誰？」「いつもよりも、早めにお迎えに来てね」と言ったこともありました。行かないと言いながらも、お父さんとお母さんは仕事というのは理解していて、「行かなくてはいけない」と子どもなりに心は決めているのだと思います。

2、3年生きてきての経験と知恵が身に付いていて、発想の展開に驚くとともに、子どもの発想は本当におもしろいと感じます。

忙しい毎日の中でのこんな笑ってしまうような一瞬の出来事は、時間が経てば貴重な思い出です。忘れないように写真やメモなどに残しておくことがおすすめです。

●子どもは気持ちを切り替える力を持っている

子どもによっては、「まずは泣いてみよう!」「まずは行きたくないと言ってみよう!」。そんなふうに、イヤイヤが毎日の朝の流れとして組み込まれていることもあります。

子どもなりに考えて知恵比べをしながら、自分の姿に大人はどう反応するのかを見ています。小さくても人間です。

涙しながらの登園になると、後ろ髪を引かれる思いでお子さんたちを保育園に預けている方も多いと思います。

ところが、お父さん、お母さんが園を出てからの子どもたちの様子を保育者の立場からお伝えすると、涙で登園しても、子どもたちが朝から夕方まで泣いていることは少ないです。

なぜなら、**子どもたちは気持ちを切り替える力を持っている**からです。

お父さん、お母さんがいないとわかると、保育者に抱っこを求める子、すぐに泣き止んでお友達と遊び始める子、お気に入りのおもちゃに駆け寄る子、などなど涙は少なくなり、社会の中での生活を始めます。

保育者は、「あれ？　さっきまで泣いていたのに……！」なんて思うこともしばしばです。

たどたどしいながらも自分の気持ちを表現するとともに、園での社会生活の中で日々子どもたちはすくすく育っています。

そして2歳ごろから、話し言葉はどんどん増えていきます。言葉と行動のレベルアップも加速して、ああ言えばこう言う、という時期に突入します。そこに対等に向かっていくと、大人もイライラ。悪循環になっていくので、深呼吸をしたりして、落ち着いて関わることがおすすめです。

●パジャマで登園した日も

とは言っても、やはり大人も人間なので、イライラすることもあります。

私自身の実体験として、「行きたくない〜！　ぎゃー！」と泣き、ああでもない、こうでもない、と叫んでいるわが子を雨の中抱えて保育園に連れて行ったことも、着替えたくないと言うわが子をパジャマで登園させたこともありました。仕事の出勤時間もあり、パジャマのまま園の先生が抱っこで受け入れしてくれました。

どうしてこうなってしまったのだろう、自分がもっとうまくできたらわが子は泣かずに済んだのではないかと、その時は自分を責める気持ちになったことを覚えています。

そんな、「行きたくない」が毎日続いたある日、涙のない朝があり、わが子は軽やかな足取りで登園して、自分の足で部屋に進んでいきました。園で楽しいことを見つけたのか、たくさん泣いて満足したのかわかりませんが、その後ろ姿は輝いていました。わが子の成長への喜びと、園の先生への感謝と、ほっとひと安心した気持ちが混ざり合って、私が涙してしまいました（笑）。

「大変だったよ～」「お母さんも泣いた日があったよ～」と、今では笑い話です。

子どもと関わる中では、大変な日もあるけれど、楽しいこともあります。ちぐはぐなやりとりのおもしろさを子育ての宝箱に入れつつ、大変なことは笑い飛ばしてしまうくらいの、心のゆとりが少しだけ広がったらいいなと思います。

子どもの心の中にも葛藤があり、ちぐはぐな発言も。多くの場合、登園後に気持ちを切り替えられます。

イヤイヤ期という関門を楽しんで

小さい命を夢中で守り、過ごしてきた0、1歳児を過ぎると……待っているのが「魔の2歳児」と呼ばれる時代です。そう、「イヤイヤ期」の到来です。

これはもしかしたらこれから続く長い子育ての中で、最初の関門かもしれません。

最初に突破すべきハードルという意味で「第一関門」という言葉がありますが、「関門」とは「関所の門」を表し、旅人はこの関所の門を通らないと先に進めません。

この「関門」。いっそ楽しんでしまいませんか？

イヤイヤ期は、エネルギーの塊。2歳児は全身全霊で挑んできます！　とにかく何でも〝イヤ〟なのです。

部屋のドアを自分が閉めたかった。

好きなコップで飲みたかった。

保育園の門は自分が先に入りたかった。

靴は自分で脱ぎたかった。でも靴下はお母さんに脱がせてもらいたかった……。

すさまじい要求と否定の嵐です。

大人の力でねじ伏せても、ひっくり返って泣いたり怒ったり。手をつけられなくなり、結局こだわりの部分まで戻ってやり直し……なんてことの繰り返しです。ここまでくると根比べみたいなものです。

でも、これは関所の門ですから、ここを通らないと先に進めないのです。

それならば、旅を楽しむしかありません。


ある時、一日分の体力を全部使うくらい大変な思いをしてお子さんを保育室に送って仕事に向かうお母さんに「行ってらっしゃい」と声をかけると、さっきまでお子さんと闘っていたお母さんの目にいっぱい涙が溜まっていました。

「かわいいわが子のはずなのに、このイヤイヤがずっと続くのかと思うと……イライラして悲しくて、大人げない気持ちになります。」

と、涙ぐんでおられました。

そこで私は、お母さんにある提案をしました。

「お母さんもやってみませんか？」

不思議そうな顔のお母さんに、

「時々こちらもイヤイヤをやってみちゃいましょう。寝転んでバタバタしながら、『いやだいやだ！　ご飯じゃなくてお菓子を食べたい！』『いやだいやだ！　○○ちゃんと一日遊んでたい！』『いやだいやだいやだ!!　全部いやだ！』ってやっちゃうんです。」

複雑な顔をされていたお母さんでしたが、後日報告してくれました。

「イヤイヤをやってみたんです。最初は、お母さんそんなことしないで！ってもっとイヤイヤされたんですが、そのうち子どもが冷静になっちゃって……。もうやめたら？　かっこ悪いよ？ってお説教されました（笑）。それでイヤイヤがなくなったわけではないですが、私がなんだかちょっとスッキリしました。」

そう話すお母さんには、この前のような涙はありませんでした。

イヤイヤ期を第一関門というなら、子育ては子どもと共に歩む〝旅〟なのかもしれないな、と思います。

なにも、いつも先に進んで子どもを導かなくてもいいのかもしれません。

たまにはバタバタとどうしようもない気持ちをぶつけて、一緒に関門を楽しく突破していけたら、少し子育てが気楽になるかもしれません。

イヤイヤは旅の期間限定オプション！

そんなふうに捉えて、一緒にイヤイヤしてみませんか？

3章

揺れ動き、
成長していく

4歳〜

「シンプルだった気持ちが
多様化・複雑化してくるこの時期は、
気持ちを整理する力を磨くチャンス。
大海原に船出していく子どもにとって、
親は安心できる「港」です。」

Question 1

4歳を迎え成長を感じる一方で、園に行きたがらない日が増えています。

●意外に多い、この時期の行きしぶり

4歳前後のお子さんが、「保育園に行きたくない」と言い出すことがあります。もうすっかり園に慣れていたのに……というタイミングの行きしぶりは意外と多いのです。

就学が視野に入ってくる年齢でもあるので、このままでは小学校に行っても不登校などの問題につながってしまうのでは……？と、親としても先々への不安が頭をよぎってしまいます。

例えば「友達が遊んでくれない」と言ってみたり、家庭でもイライラ・メソメソしがちな姿が見られたり、幼い時の「ママがいい！」「保育園イヤ！」とはちょっと違う複雑さも感じる頃です。

●見えないものの比較ができるように

発達の背景をご紹介します。

4歳になる一歩手前の3歳児健診では、小さい丸と大きい丸が並んでいて「どっちが大きい？」と質問し（自治体によりやり方には差があります）、〝比べる力〟の獲得を確認します。このように3歳は、目に見えるものの比較です。

そして、4歳になると一歩前に進みます。**〝見えないものの比較概念〟が芽生え始めます**。

「こうしたら『ダメ』って言われるかな？」「今、一緒に遊んでいるAちゃんは、Bちゃんと私、どっちにおもちゃを貸してくれるかな？」など、相手の気持ちを憶測するようになります。「上手にできるかな？」と、未来への不安も生まれます。

3歳ごろまでは「好き！」「嫌い！」「やりたい！」「イヤ！」とシンプルだった気持ちが、多様化・複雑化してくるのです。しかし、これらの感情を整理するための思考はこの後から育ってきます。

4歳ごろは、複雑な気持ちの間を揺れ動きながら自分の気持ちを少しずつわかっていくのです。

保育園が好き！　○○先生が好き！という感情だけではなく、

・保育園で○○することが楽しい
・○○先生が△△と言ってくれたのがうれしかった
・他の子が叱られていて、自分は大丈夫かと不安になった
・本当は一緒に遊びたいけどうまくできるか不安
・笑われちゃったらどうしよう
・○○ちゃんみたいに上手にできない
・本当はやってみたいけどはずかしい
・わかっているけどイライラしちゃう

など、園生活のありとあらゆる場面で、さまざまな感じ方が入り交じるようになってきます。

●気持ちを言葉で表現する練習を

この時期に積み重ねていきたい力は、〝**自分の気持ちを言葉で表現する**〟ことです。

気持ちは複雑になりますが、それを表現する方法はまだ幼く、泣いたり、怒ったり、「イヤ」「行きたくない」と表現してきた時期から抜け出していないために、どうしていいかわからずに困っています。

一方で、知的な理解は進んでいますので、「行きたくない」と言っていても「園には行かなくてはいけない・行った方がいい」とわかっているのです。

負の感情を消化しきれないまま、「行きたくない」と言っている自分はダメなのではないか……という不安も一緒に抱いているのです。

複雑で不安な気持ちに揺れ動いている時に、「行かなくてはいけない」という正論を言われてしまうと、心の揺れ動き、不安な気持ちは大きくなります。そして、自分の気持ちを言葉で整理することがないまま、モヤモヤした気持ちを膨らませてしまいます。

第2章で紹介した「同調・共感欲求」（53ページ）は、不安の中で葛藤する〝揺れ動く心〟を支えていくためのポイントになります。

大人の自分にも、仕事に行かなくちゃ……とは思っても気持ちがのらないことはきっとあるでしょう。自分自身の感情を思い起こしながら、子どもにもう立派な心が育っていることに目を向けていきましょう。

「保育園に行きたくないんだね。そういう時もあるよね」「わかる、わかる。気持ちを一緒に整理したいから、本当はどうしたいのかを話してくれるかな？」と問いかけてみましょう。

なんとか行かせようと説得するのではなく、**自分の気持ちを言葉で表現する機会**だと視点を変えて関わってみることをおすすめします。

この時期の心の揺れ動きをとらえ、自分の気持ちを言葉で表現する習慣をつかんでいったら、将来的にも、自分の気持ちを言葉で整理することが上手になります。自分の気持ちを言葉で整理する力は、他者とのコミュニケーションにおいて役立ちます。

●想像力が伸びていく時期

4歳ごろは、目に見えている現実だけでなく、イメージする力・想像力が飛躍的に伸びていく時期でもあります。

イメージしたことについて、本当に起こった出来事のように話をするようになります。

やっていないことを「やった」と言ったり、行っていないのに「行った」と言ったりして、大人の目から見ると嘘をついているように感じることも生じます。

「入れて」と言わずに、友達の遊んでいる周りをウロウロしている。

本当は仲間に入りたいけど、もしかしたらダメって言われるかもしれないと不安を感じて、「入れて」と言えないで終わってしまった。

そんな出来事を家庭では、「○○ちゃんがいつも『入れてあげない』って言う」というように、事実と想像が入り交じった表現になることもあります。


被害妄想的な不安に襲われやすいのもこの時期の特徴です。

お子さんの言葉に「仲間はずれにされているのでは?」「いじめられているのではないか?」と不安に思うこともあるかもしれませんが、ご家庭だけで不安を抱えるのではなく、園とのコミュニケーションを大切にしていきましょう。

イメージする力・想像力が伸びてくる時は、人としての痛みもわかるようになってくる時でもあるのです。

自分の気持ちがわからなければ、他人の心をくみ取ることはできません。**自分の心を言葉で整理する体験の積み重ねが、他人の心も理解する力につながっていきます**。

心が豊かに成長しているまっただ中のこの時期を温かくおおらかに支え、親子で一緒に乗り越えていきたいものです。

心が大きく成長している証拠です。
一緒に気持ちを整理し、言葉にしていくサポートを！

Question 2

最近、お友達とのトラブルが多いようです。家でもイライラしたり甘えたり、不安定な様子です。

●揺れ動き、成長していく

4歳前後の子どもの心は揺れ動きます。

心の揺れ動きを感じているものの、自分の気持ちを整理していない状態は不安となります。

少し不安を抱いた時には、絶対的な安全基地である家庭をよりどころにします。その気持ちが「行きたくない」という言葉になる場合もあります。

親としては「ちゃんと行かせなきゃ」と焦りが生じることもあるでしょう。情緒の不安定さを感じ、親の関わり方に問題があるのでは？と自分の子育てを責めてしまうこともあるかもしれません。

幼児クラスになれば、子どもの社会の集団は大きくなります。仲良しのお友達と2人〜3人で遊んでいた時代を土台に、4人、5人、6人とグループ化していきます。大きくなってきた実感もあり、いろいろなことができるようになってきたと感じていて、やってみたいことは増えます。

ところが、見通しを持つ力も育っているため、「できなかったらどうしよう……」という迷いが生じるようになります。

引っ込み思案でモジモジしているように見えても、心の中では友達に憧れを抱き「あんなふうにやってみたいな……」と思いを膨らませていきます。

どんどん突き進むタイプのお子さんもいれば、誰かと一緒なら大丈夫な子もいます。「自分は大丈夫！」と確信が持てるまでは不安な表情を見せる慎重な子もいるし、背中を押してもらえることを待っている子もいます。

感じ方が多様になる分、表面に表れてくる表情や言葉も多様になります。

4歳前後の子どもの心は揺れ動いています。**情緒不安定に見える姿は、成長の表れです**。子どもはこの頃、より人間らしい悩みに出会っているのです。

この時期の発達を理解するために、私がこれまで出会ってきた子どもたちの姿から、人間らしい心の芽生えを感じた瞬間をご紹介します。どれも人としての感情が豊かに膨らんでいる姿です。

●事例1　友達と○○君、どちらも好きと言うKちゃん

Kちゃんという女の子に誘われて並んでブランコに乗りながら、相談を受けました。

「私はWくんが好きなんだ。だけどNちゃんもWくんが好きなんだよね。私はNちゃんと仲良しで、Nちゃんのことも大好きなの。だから困っているの。ねー、どうしたらいいと思う?」

「う～ん……。それは悩むね。NちゃんもWくんも大事だからね。」

4歳の子に、まるで中学生か高校生の友達同士で語り合う恋愛相談のような話をされた私は、回答に戸惑うと共に、子どもの心はもう立派な人間なんだ！と思ったのです。

「好き」という感情も複雑になり、「Wくんが好き」という気持ちと、「Nちゃんのことも好き」という自分の気持ちを認識し、「NちゃんもWくんが好き」と友達の気持ちも想像できるようになっています。こうした認識力や想像力の成長があるからこそ心が揺れ動くのです。

事例2　友達が遊んでくれないと言うSちゃん

ある日、Sちゃんの保護者の方から相談を受けました。

「うちの子、保育園でいじめられていませんか？　友達が遊んでくれないと言うのです。」
そのようには見えないけれど、「園での姿をよく見てみます」といったんお預かりして、Sちゃんの様子を見てみました。

自由遊びの時間になると、ままごとコーナーでお家ごっこが始まります。お母さん役、お姉さん役、赤ちゃん役、ねこ役（私の園ではなぜかよく出てきます（笑））と、4人～5人で役割分担をして遊ぶようになってきています。

はじめに遊びにやってきた子から、役が決まっていきます。Sちゃんは少し前までは「入れて～」と言って後から入っていき、役は残っているものでも、「これやって」と言われたものでも、それなりに楽しんでいました。

でもその日は、ままごとコーナーの周りをウロウロしています。きっと入りたいんだろうな……と感じながら見守っていました。

あっちから眺めて、こっちから眺めて、そして他の場所に移っていったので、

Sちゃんに声をかけてみました。

「お家ごっこをしたかったんじゃないの?」

「うん……だけど、もうお姉さんはRちゃんがやっていて……。」

「そうなんだ。お家ごっこでお姉さんをやりたいんだね。お姉さんをやりたいって言ってみたの?」

「ううん……言ってない。だって、お姉さんはもうRちゃんがやっているから。」

「そうだね。でも、お姉さんって一つの家に2人いる場合もあるんだよ。」

Sちゃんは驚いたように、「えー、そうなの?」と言いました。

「うん。お父さんやお母さんは大体1人ずつだけど、お兄さんが2人いる家も、お姉さんが2人いる家もあるし、赤ちゃんが2人いる家もあるよ。」

そのような話をしているうちに気持ちが切り替わったのか、Sちゃんはもう一度お家ごっこの方へ向かい「私もお姉さんやりたい！」と言い、遊びに入っていきました。

Sちゃんは、友達が何をしているのかを冷静に見る力が付いています。その力は、「すでに友達がやっている役は取ってはいけない」という自分の中でのルールとなっていたようです。

一緒に遊びたいという欲求だけでなく、友達の中でどんな役割でありたいのかという遊びのイメージがより具体的になっているのです。

周りがよく見えるようになり、賢くなってきたからこそ、そして、やりたいことがより具体的になってきたからこそ、「こうでなければ」と考えるようになり、それと違う状態を不安に感じたりしている。

園で実際の状況を見ている保育者は、Sちゃんの気持ちを具体的に言葉にするお手伝いができましたが、家庭で「どうしたの？」と問われたら、お家ごっこに入れなかった経験は「入れてもらえない」という言葉に変換されていたようでした。

Sちゃんには普段目に見えたトラブルはなかったので、保護者の方にご家庭での様子を教えていただかなかったら、改めて観察することはなかったかもしれません。心が揺れ動く時期だからこそ、保護者の方との連携と情報共有が大切な時でもあります。

●事例3 「みんな大嫌い！」と言うYくん

4歳児クラスになると、綱引きや鬼ごっこやドッジボールなど、仲間と一緒にルールのある遊びを楽しむようになってきます。ある日、ドッジボールをしたときの出来事です。

Yくんは楽しいことが好き。内野で相手チームをからかいながら手足をぶらぶらしています。相手チームのJくんがボールを投げてきました。Yくんがぶらぶらさせていた手の先の方にボールが当たりました。

ところがYくんは負けず嫌いでもあり、「当たってない！」と主張し、ゲームが中断します。Jくんは「当たったのにズルい！」と怒ります。Yくんは「当たっていない」と主張します。平行線の2人のやりとりを聞きながら、ドッジボールの続きをしたい他の子たちも仲裁に入ります。

Yくんと同じチームの子も「Yくん、今当たったよ。私、見ていたよ」と言います。味方チームに言われたYくんは余計に悔しい顔をして、「もういい！やらない！」とドッジボールの輪から出て行ってしまいました。園庭の隅っこでみんなに背を向けてしゃがみこみます。

他の子たちはドッジボールを再開しました。Yくんは時々こちらを向き、みんなの様子を見ています。本当はみんなと一緒に楽しみたいのです。1ゲーム終了した後に、私はYくんに声をかけに行きました。

「もう一回やるけど、Yくんも一緒にやろうよ。」

「やらない！」

「どうして？」

「だってみんな、ぼくのこと嫌いだもん。」

私はみんなのところに戻り、

「Yくんが『みんなぼくのことが嫌い』って言うんだけど、どうかな？」と聞いてみました。

「嫌いじゃないよ。さっきはルールを守らなかったから言っただけだよ。」

私は、「Yくん、『もうやらない』って言っているんだけど、どうしよう？」

Yくんはルールを守らないから入らなくていいというシビアな意見を言う子もいれば、ルールを守らない時があるけれどYくんがいた方が楽しいと言う子もいます。

「ぼくが呼んでみる」と、JくんがYくんの方に向かっていきました。さっきは言い争ったYくんとJくんですが、本当は仲良しなのです。

子ども同士どんな話をしたのかはわかりませんが、しばらくすると2人は笑顔で戻ってきました。

エネルギッシュで、少々やんちゃなお子さんは、どこの園にもいるものです。

4歳を過ぎてくると、周りの子どもたちも正義感が強くなってくるので、ついつい乱暴してしまった、ついつい楽しくなってしまってやりすぎた。そんな瞬間に友達から「〇〇くんやめて～！」と一斉に言われてしまうような出来事も増えてきます。

ふざけすぎてついついやりすぎてしまったというだけで、本当はみんなの中で楽しくしていたいのに、みんなに「やめて！」と言われてしまった……。そういう出来事に、心が傷ついてしまうこともあるのです。

だったらそれを繰り返さなければいい、と単純にはいかないのが子どもの育ちです。

子どもは自己抑制を覚えている最中です。エネルギーが大きい子ほど、抑制も難しいのです。頭では理解できるようになってきているからこそ、子どもの気持ちは揺れ動きます。「やっちゃった……」と思うたびに、自分で傷ついてしまっています。

そんな弱い自分を「かっこ悪い」と思ってしまい、「みんな大嫌い！」「どうせぼくなんて！」と本当の心とは違うことを言います。保育者が「そんなことないよ」と言っても、友達の中で認められたいので、なかなか素直になってくれません。

保育者の立場からは、そのような姿も愛おしく感じます。

Yくんのような子はエネルギーがあふれているので、机運びや椅子運びなどは張り切ってやってくれます。みんなの中で適切にパワーを発揮して、「さすが！　力持ち！　助かった！」と、〝みんなの中で役立つ自分〟を実感できるように関わっていきます。

こういうタイプは、「行きたくない」と口にしたりすることはありませんが、園という集団の中では本人なりに頑張っているので、その反動で、家庭に帰ってきた時に過剰に悪態をついたり、甘えたりすることもあります。

行きしぶりと姿は違うのですが、「心が揺れ動いている」ことが背景であることは同じです。

●事例4　「お友達に叩かれる」と言うKちゃん

「保育園に行きたくない！　Tちゃんが叩くから。」

それを聞いて心配になった保護者の方が、保育園に相談に来ました。

相談してきたご家庭のお子さんはおとなしいKちゃん。叩いてくると言われているTちゃんは、元気はつらつで勢いがある子です。

2人の様子をよく観察してみました。

Tちゃんは、「ねえねえねえ！　Kちゃん遊ぼう！」

ねえねえと言いながら肩をポンポンと叩いています。

Kちゃんは、「うーん……いいよ……」。

2人は遊び始めました。遊び始めてしまえば楽しげです。

ただ、遊びの間もTちゃんはうれしいことがあると、Kちゃんの肩をポンポンとして「ねえねえ！」と自分の発見を共有していきます。もしかしたら「叩かれている」と感じているのは、Tちゃんの喜びあふれ少々勢いがある「ねえねえ！（ポンポン）」なのかもしれないと思いました。

遊び終わって1人になったKちゃんに率直に聞いてみました。「Tちゃんは、Kちゃんのことを叩く？」と。Kちゃんは私にも「うん」と答えました。2人で一緒にTちゃんに話をしてみました。

K　Tちゃんが私のことを叩くのが嫌なの……。
T　え？　私叩いたりしてないよ。
保　Kちゃんは、どんな時に叩かれたと思っているの？　どこを叩かれるの？
K　Tちゃんは、いつも私の肩を叩くの。それが嫌なの。
保　そうだね。もしかしたら時々、Tちゃん、うれしくて「ねえねえ」って肩をポンポンするかもね。どう？　Tちゃん、それはやっているかな？
T　うーん……。やっているかもしれない……。

保　そうか。Tちゃんは楽しいつもりの肩ポンポンだけど、Kちゃんは叩かれたと感じたのかもしれないね。

大人でも、似たようなすれ違いはたくさん生じています。

思考が深まれば、思い込みが生じる。思い込みを言葉にしないまま心に閉じ込めていたら、思いがすれ違っていることに気が付かないまま、相手との溝を深めてしまう。

まだまだかわいいすれ違いの時に、自分の気持ちを整理して、言葉で伝え合っていくことを、ご家庭と保育園が一緒になってサポートすることができたら、子どもたちのコミュニケーション力の土台になっていくと思うのです。

タイプが違うKちゃんとTちゃんだからこそ、友達は違う感じ方を持っているのだと気付くきっかけになり、違う感じ方を受け止め合っていくという育ち合いに発展していきました。

このように、4歳ごろは揺れ動く心を一つ一つ整理して乗り越えていくからこそ、子どもの心は豊かに育っていくのです。

情緒不安定に見える姿は、成長の表れ。お子さんの感情が豊かに育っている最中です。

Question 3

複雑に心が揺れ動く時期ということですが、親はどんな関わり方をするとよいですか？

●親の関わり方のポイント

ここまでのように子どもたちの心の揺れ動きを並べてみると、なんとも尊く、なんとも人間らしくて愛おしく感じます。

私たち保育者は第三者的な立ち位置で、お子さんの成長をサポートしているからそう思えるのですが、親として子どもの心の揺れ動きを目の当たりにした時は、トンネルの中にいるような先の見えない不安を抱いてしまうこともあります。

不安を感じた時、ポイントは大きく3つあります。

Point 1 「この子ならきっと大丈夫」と声に出す

不安定＝悪いものなのでしょうか？　そうとは限りません。スポーツ選手もスランプは生じます。

不安定な状態をネガティブにとらえて、そこで諦めてしまっては結果につながりません。

スランプの中で新しい自分を探し、乗り越えた先に飛躍が待っています。

人が成長する時は、①安心・安定→②継続・反復→③矛盾・葛藤→④飛躍→再び①安心・安定……という流れを繰り返します。これは大人も同じです。

安心・安定を求める入園当初の「ママがいい」の時代。

自分が！　自分で！　だから「何でもイヤ！」を繰り返す時代。

新しい自分の一歩手前で揺れ動く葛藤の時代。

その先に待っているのは「飛躍」という新しい自分との出会いなのです。

不安定になる葛藤や揺れ動きは、成長の原動力です。

大事なのは、子どもと一緒に揺れ動かないこと。

「大丈夫、この子ならきっと大丈夫。」

親としての自分の心に、呪文をかけてみる。

その瞬間はそう思えなくても、声に出して実際に言ってみると、不思議と心は安定してくるものです。「声に出す」という行動が大切です。

気持ちを言葉にすることを、心理学的には「感情のラベリング」といいます。

今の事象に心が揺れ動き不安になってしまう時には、心の深いところにある「大丈夫」という気持ちを、声に出すことで引っ張り出してくるのです。


自分を信じてくれる人がいるから、自分で自分を信じることができる。

「自分を信じることができること」と「人を信じることができること」。

これがセットになった感情が、基本的信頼感（26ページ）で、これからの人生の土台となるものです。

Point

2 急がず、共感しながら「聞く」

事例の中では子どもの言葉を紹介してきましたが、子どもが表面で話している言葉と、子どもが心の奥深くで感じていること・思っていることには違いがあります。

前にあげた事例を整理すると、次のようになります。

子どもの表面に見えてくる言葉や行動—**子どもが心の奥深くで感じていること**

好きという気持ちをのみ込んでいる——相手を大事に思っている

友達が遊んでくれない——お家ごっこでお姉さん役になりたい

どうせ僕なんて・みんな大嫌い——抑えきれないエネルギーに困っている

友達を叩いている——一緒に遊びたい・共感したい

子どもの表面に見えてくる言葉や行動が同じでも、心の奥深くで感じていることは一人一人違うのです。

どんなに身近な存在であっても、心の奥深くを見ることはできません。

心の奥にある気持ちを理解していくためには、〝聞く〟ことです。

「どうして行きたくないの！」と問いただすのではなく、「わかるよ……そういう気持ちになる時もあるよね。どうしてかな～？」と同調・共感の言葉を添えながら、「親としての自分はあなたの心に興味がある」というスタンスで〝聞く〟ことが大切です。

園には本来は行くべきであり、行ってほしい。何とか説得して、行く気にさせよう。そういうスタンスでいると、子どもはそのことを感じ取り、「自分の気持ちはわかってもらえない」と思い、反発心を強め、余計に「行きたくない」と意地になっていきます。

「行きたくない」の背景は、複雑に揺れ動いている心ですから、親はその心を言葉で整理する伴走者の役割だとイメージしましょう。心の揺れ動きを言葉で整理する主人公は子ども自身ですから、結論を急がずに〝聞く〟。

自分の気持ちを聞いてもらえていることを、子どもが認識しやすいようにするためにも、自分の気持ちを客観的に整理しやすくするためにも、お子さんの言葉をそのまま「そうなんだね。○○が△△なんだね。」と繰り返すことも、解決への近道となります。

私はこれを「復唱術」と名付けています。

Point 3 園に相談してみる

お子さんが「行きたくない」と訴える背景は、園という社会の中での心の揺れ動きであることがほとんどです。このため、園との連携がカギとなってきます。

保護者の方だけで抱え込まずに、園に相談をしてみてください。良好なパートナーシップを築いていくためには、次のようなことを意識しましょう。

・遠慮しない（家庭での様子は、遠慮していたら伝わらない）
・子どもの言葉を鵜呑(うの)みにしない（表面と内面に差があるため）
・事前に相談時間がほしいことを伝えておく

日本の幼児教育現場は、職員の配置基準が低く、ゆとりがないのが現状です。

お子さんの話は大切なことだからこそ、「少し相談したいことがあるのですが、お時間いただけませんか？」と前もって伝えておくと、園も時間を取りやすくなります。その時たまたま急いでいて、ゆっくりと話すことができないということが少なくなります。

勇気を持って相談していく入り口を良好な関係でスタートするための秘訣です。

●わが子の「今」に目を向けて

今、ここで大切にしたいことは、子どもが保育園に喜んで行くようになるという目先のゴールではありません。

わが子が、人として尊い感情を膨らませている豊かさに目を向けてみましょう。

子どもへの対応に困っている保護者の方に「似たような気持ちになること・なっ

たことはありませんか？」と問いかけると、「確かにありますね」「もしかしたら、私と似ているのかも……」と答えが返ってくることがほとんどです。

ひとまず「イヤイヤ」と言ってみる時期（〜3歳ごろ）のことは、大人になるまでの記憶にはあまり残っていません。

ですが、この時期（4歳ごろ〜）の心の揺れ動きは、大人になった私たちの心の中にも存在している感情であることが多いです。

そのように考えれば、この時期の子どもには、イヤイヤ期よりは共感しやすくなったと言えるのではないでしょうか？

例えば、冬になると朝、子どもが布団からなかなか出てこなくなる。

「もう、時間なんだから、早く出てきて！　遅れちゃうでしょ！」と言われるのと、「あー、わかる。布団の中暖かいよね。冬は出てきたくなくなる気持ちわかるわー」と言われた後で「時間に遅れないように、協力してね！」と言われるのでは、子どももその後の気分が違ってくる気がしませんか？

このように共感しながら関わっていくことで、楽しみも感じられます。

やらなくてはいけないことや困っていることはたくさんあるけれど、人として共感しやすくなった〝今〟を喜んだり楽しんだりしてみませんか？

●子どもが安心して戻れる「港」に

園に通っている時代は、いつでも見守っている大人の存在があります。一方で、就学以降は子どもだけの時間がどんどん増えていきます。

一目で見渡せるくらいの池の中でボートをこいでいるような状態から、大海原へと旅立つ日がやってきます。

この先もっと激しい波風に揺れ動くこともあるでしょう。状況を整理して気持ちを整えて、自分の心の舵(かじ)をとっていく。生きていくためにはそんな力が必要です。

そして、挫折を感じて「あ、もう無理だ……」と判断した時に、安心して戻れる港が必要です。この港なら絶対に安全。そう思える港が航海には必要なのです。実際の船が戻る港を「母港」と呼びます。英語では「home port」。「母」であり「家庭」を意味しています。

港である親の役目って何でしょうか。

船である子どもを遠隔操作することでしょうか。違いますね。

船にエネルギーを満タンにし、必要な物品を積み込むため、まずいらないものを下ろすように、子どもの嫌だった気持ちをくみだしていく。

「伝えているのに伝わらなくて嫌な気持ちなんだね。」

「一緒にやりたいのにやってもらえなくて悲しいんだね。」

このように気持ちをくみだしてもらえたら、きっと子どもなりに新しい航海へ向かえるはずです。

「行くけど、戻ってくる」の信頼関係から始まった園生活。もうすぐ、子ども自身が「行ってきます！」と旅立つ時代を迎えます。

今、ここでは、先を急がずに、安全な母港＝home portとなれるような子どもとの関係を優先しましょう。

やがて迎える思春期をも支えていく準備期間として、焦らずに過ごしてもらえたらうれしいです。

親は揺れ動く子どもの伴走者として、「大丈夫」と信じることを大切にしましょう。

子どもと向き合うのではなく、並んでみる

〝魔の2歳児〟〝道端の草木にも憎まれる3歳児〟……そんな嵐のようなイヤイヤ期を過ぎて4歳を迎える頃、育児も少し一段落したような感じになります。言葉でのコミュニケーションができるようになり、やりとりが楽しく感じられるようになってきます。

保育園や幼稚園では、年中クラス、そして年長クラスへ。小さいお友達にとって、かっこいいお兄さん、お姉さんクラスとして憧れの存在になってきます。

この頃、保育者のお手伝いを進んでしてくれたり、頼られると健気に頑張ってくれたりして頼もしい姿も見せてくれます。

少しも目が離せない乳児期に比べて、幼児期は家庭の中でも安心して見ていられれるほど成長を感じられる場面も多くなってきます。

そして、排泄や食事、着替えなどに手がかからなくなってくる反面、見えない部分のケアが求められてきます。

心の中がぐんぐん成長して、友達関係や日々を過ごしていく中で挑戦をしたり、できる・できないなどの葛藤が生まれます。

小さい体の中で、いろいろな思いが複雑になり〝みんなの中の自分〟を見つけようとする。そんな揺れ動く時期でもあります。


子育てを旅だとするならば、また大きな関門に差し掛かったのです。

この頃の「行きたくない」には、たくさんの思いが込められているように思います。そしてそれは、その子にとって初めて表す〝プライド〟なのではないかなと感じます。

その「行きたくない」の理由を一生懸命言葉にして伝えてくる姿は、何かを乗り越えようとしている姿なのかもしれません。

大切なわが子の言葉を理解しよう、受け止めようとすればするほど、つらくて切ない気持ちになってしまうことでしょう。

保育者として、わが子が心配でたまらなくなってしまうお母さん、お父さんの姿を見てきました。

「イライラしたりメソメソしたり……。わかってあげたいけど何が何だかわからないんです。」

そんなふうに不安そうに話す保護者の方に、私はよく「受け止めるお母さんがつらくなってきてしまったら、向かい合って受け止めるのではなくて、並んで同じ方向を向いてみてください」と話します。

聞き出したくなるのも、励ましたくなるのも一休みして、向き合うのではなく並ぶ。手をつなぐだけでもいいのです。

一緒に旅する時に、まだ歩行もままならなかった赤ちゃんは向き合って抱き上げるしかなかった。でも、もうしっかり歩くことができるようになったのですから、一緒に並んで歩いてみる。

向き合うと、ちゃんとしたことを言わないといけない、困った顔を見せてはいけない、全部わかってあげなくてはいけない……と、どんどんしんどくなってしまいます。

一緒に歩く旅人なのですから、一緒に雨に打たれたり、風に向かったり、坂を登ったり。ここ！という時にサッと盾になったり包んだりしてあげればいいのです。気負わず一緒に歩くことで、晴れ間や光や、もしかしたら虹なんかにも同じタイミングで出会えるかもしれません。

いつもいつも先を行って、道を示さなくてもいいのではないでしょうか。

同じ風景を楽しみながら、一緒に傷ついたり、悩んだり、笑ったり、発見したり。

この先もまだまだ旅は続きます。

ゆっくりのんびりする時間も大切な必要な時間に違いありません。

4章

環境が変わった時に

「下の子の誕生や転園、園の行事など、
環境の変化は子どもにも
大きな出来事です。
子どもも一緒に生活する仲間ですから、
親子で共に乗り越えていきましょう。」

Question 1

下の子が生まれてから、上の子と関わる時のポイントはありますか？

●下の子が生まれた後の登園しぶり

保育園に行きたくないと言うようになった背景として、下の子が産まれたというのもよく聞く状況です。特に、見通しが持てるようになってくる2歳児くらいからこうした姿が見られることが多いです。

上の子にとっては下の子が産まれたことで、今まで一心に受けてきた愛情がなんだか奪われたような感覚でしょうか。いわゆる赤ちゃん返りといわれるような姿もあるかと思います。

そんな心境の中、お母さんは家にいるのに自分は保育園に行かなければならない。

最近では、お父さんも育児休暇をとって家にいることも増えてきました。一緒に家にいたいと思うのも自然な感情だと思います。

以前、育休中の保護者の方から「少し遅れます」「やっぱり今日は休みます」という電話が度々あったことがありました。どうやら保育園に行こうとしても、イヤイヤが激しく、諦めて家で見ることにしたとのことでした。

お母さんも「家で見れないことはないし……」「大変な思いをしてまで保育園に連れていくのも……」という気持ちがあり、きっとそれがお子さんにも伝わって余計にヒートアップしたのかと想像します。

親が揺れ動くと子どもも揺れ動きます。「今日は休んじゃおう！」と休んでみるのもいいと思います。しかし、それも毎日は難しいですよね。

今日は行く、と覚悟を決めたら、ぶれずに送り出していくと、子どももそれを感じ取ってあっさり行く覚悟を持つこともあると思います。

送り出す瞬間は心苦しいかもしれません。しかし園は社会を学ぶ貴重な場です。

たくさん遊んで、たくさん学んでおいでね！という気持ちで送り出してあげてください。きっとお迎えの時には楽しかった出来事をいろいろ話してくれるのではないでしょうか？

●「上の子優先」とは

では、上の子の気持ちの面ではどうしてあげたらよいでしょうか？　その時に心がけてほしいことは、「上の子優先」です。

この「上の子優先」といった言葉はきっといろいろな場面で聞いたことがあるのではないでしょうか？

しかし、下の子はミルクやおむつ、泣いたら抱っこと、実際手が離せません。上の子には我慢をしてもらわないとならず心苦しいといったケースや、上の子の言うことを聞いてあげているはずがますます大変になっている、などというケースもあります。

それでは、具体的にはどのように「上の子優先」をしていけばよいのでしょうか？

上の子優先は、「上の子の言うことを優先して聞いてあげる」「上の子が望むことを優先してやってあげる」という意味ではありません。

授乳やおむつ替えなど、下の子にどうしても手がかかるからこそ、上の子には目を配り、言葉をかけていく。この**目配りと言葉かけを「優先する」**とうまくいくのです。

上の子優先のポイントは、
・上の子に積極的に注目する
・上の子に積極的に関わる
ということです。事例をもとに見てみましょう。

Case 1 着替えの時

上の子はもう自分で着替えなどができる。一方で、下の子は着替えに手がかかるという状況です。

上の子には、〝優先してあなたのことを見ています〟という言葉をかけます。そうしながら、下の子の着替えを進めます。

上の子に「ママ見て～」と言われたら、「見ているよ！」と返します。注目を集めたいというのが根っこにある要求ですから、「見ているよ」と声をかけていくと、イヤイヤやかんしゃくではなく、「見て見て！」というシンプルな表現になり、応えやすくなっていきます。

Case 2 下の子の授乳の時

「今から、○○（下の子）ちゃんにおっぱいあげるね。ママは○○ちゃんの方を見ているけど、耳は●●（上の子）ちゃんのお話を聞くね！」と先に声をかけます。

年齢にもよりますが、いろいろお話をしてくる場合は、その内容を繰り返すように、「お姉ちゃんは、幼稚園で○○したんだって。楽しそうだね！」など、下のお子さんに向けて、上のお子さんが自分を誇りに思えるように、言葉にしてみます。

上のお子さんがもっと小さいと、「ママ、これ！」など言ってくるかもしれません。「お兄ちゃんが、自動車持っているね。おっぱい終わったら見せてもらおうね」など、授乳中でも上のお子さんの存在を受け止めているということを言葉にして、〝優先〟するのです。

Case 3 下の子のおむつ替えの時

上の子に「おむつとってくれると助かるな♪」と頼んだり、それができた時には「ありがとう！」と伝えます。

赤ちゃんはお世話の対象、上の子は生活の仲間として、待たせるのではなく、お母さんの味方にしていくのです。

そのようにして上の子を、お母さんに近い方に位置づけてしまう。そのような〝優先〟の仕方もあります。

Case 4 上の子のおやつの時

上の子におやつを出す時には、「お兄ちゃんだから、スペシャルおやつだよ！○○（下の子）ちゃんは、まだおっぱいだけ。●●（上の子）ちゃんはママと同じおやつね！」（おやつは普通のものでOKです。）

下の子と上の子でおやつを半分こする時でも、上の子にほんの少し大きく見える方を渡し、こっそりと「●●（上の子）ちゃんの方を大きくしておいたよ」など特別感を演出。

ささいなことでもあえて言葉にする。そのように先に心配りをしていくというのが〝優先〟ということです。

●ぐずった後からではなく、先手必笑で乗り越える

こうした目配りと言葉がけを優先していく関わりの中で、上の子には次第に、赤ちゃんがいても自分を見てくれるのだという安心感や肯定感がつくられていきます。忙しい中、常にではなくても、時々こうした関わりをしていくだけで、子どもの姿は変わっていきます。

下の子に手がかかり、上の子がそのことへの不満を見せてちょっとぐずった時に上の子を〝優先〟すると、〝ぐずれば見てもらえる〟という認識を上のお子さんにつくってしまうかもしれません。

ぐずった後から関わるのではなく、求められるよりも先に手や声をかける。そして、その時にお子さんが安心するよう、必ず笑いかける。ほんの少しのタイミングの工夫で、関係性が変わってきます。

先に笑いかける『先手必笑』で大変な時期を乗り越えていきましょう。

そして上のお子さんの気持ちを満たしていきながら、家族の一員として協力していけるような家庭をつくっていけるとよいですね。

「上の子優先」を心がけ、求められるより先に目配りと言葉がけをしていきましょう。

Question 2

親の転勤で引っ越しが多く、転園のたびに子どもがお友達と離れてしまうのが心配です。

●引っ越しによる環境の変化

子育て世代の皆さんは、人生においてちょうど飛躍の時期にあたる方が多く、引っ越しや転勤などの機会が多くなる世代でもあります。

子どもがせっかく通い始めた幼稚園や保育園を変えなければならなくなることもよくあります。

新しい土地、新しい職場、新しい人間関係などで、引っ越しはたいていは私たちに大変なストレスがかかります。住環境が変わることに加え、新しい集団生活の中に入っていくことで、子どもにとってもストレスがかかるのは容易に想像できるかと思います。

引っ越しに伴う環境の変化をきっかけに、子どもが消極的になったり、行きしぶりを起こしたりするのは決して珍しいことではありません。

引っ越しは、いわば大人の事情です。

子どもにとっては預かり知らぬ理由で環境を変えてしまうのですから、多くの親は子どもに対して「申し訳ない」「かわいそうなことをした」という気持ちを持たれる場合が多いようです。

引っ越しによってお友達と引き離してしまう、「幼なじみ」のような継続した人間関係をつくってあげられない、「地元」と呼べる場所がない……。

子どもが元気がなくなったり、登園を行きしぶるような様子があったら、さらに親として責任を感じてしまいます。

この引っ越しに伴う子どもの環境の変化について、子どもにとっての「お友達」にスポットを当てて、子どもの発達を見通しながら少し考えてみたいと思います。

●お友達との別れが影響する年齢

0～1歳は人との愛着関係を築く時代です。お母さん以外の人には泣いたり、特定の保育者にこだわって離れない、という姿が見られます。一緒に過ごしているお友達は、いてもいなくても実際にはあまり関係はありません。

1～2歳になると、一応、お友達の存在は認識していて区別はつきます。おもちゃの取り合いをしたり、手を出されたら怒ったりしますが、まだまだその瞬間だけの関係性で、継続的に覚えている感じはありません。

3歳前後になると、お友達の名前をしっかりと覚えて、家に帰ってきてからもお友達のことを話したりするようになります。ただ、まだまだ〝自分が〟の時期で、複数人のお友達を意識しながら遊ぶのは難しい様子があります。

これが、3歳を過ぎ、4歳になるにつれてお友達との関係性が構築されていきます。○○ちゃんはこうなのに、○○くんはこうだ、とそれぞれを個として認識することができ、5～6歳になると複数人で上手に遊べるようになってきます。

引っ越しによる影響は、3歳以下の子どもにとっては、お友達より、保護者との愛着関係や単なる環境の変化の方が大きいと言えると思います。

3歳以上の子どもでは、お友達から離れる寂しさや、新しいお友達の中に入っていく困難さを感じて、一時的に行きしぶりが出たり元気がなくなったりすることもあります。

●引っ越しは良くないこと？

では、引っ越しで子どもの環境が変わることは、子どもにとって良くないことなのでしょうか。

私自身、父親が転勤族でさまざまな土地を転々として成長しました。小学校だけで4つ通っています。

振り返ってみて、確かに慣れ親しんだ友達と離れるのは寂しいこともあり、地元や幼なじみを持っている人をうらやましく思うこともありましたが、それ以上に私には良かったことがあります。

新しい場所を楽しみ、適応していく力が付いたことです。

どんなところに行っても、私は何とかなるしきっと楽しむことができる、と訳もなく考えることができるのです。

いろいろな場所で暮らしたことは、良いことも悪いことも含め土地ごとの文化の違いを肌で感じる経験となり、今、大いに私の力となっています。

違いを知る、ということは選択肢が広がるということにつながります。一つのことしか知らなければそれ以外の選択肢は考えられませんものね。

全国に友達がいたり、なじみの場所があったりするのも今では私の支えです。

どうか、子どもに対して申し訳ない、かわいそう、と思わないでください。

確かに引っ越しや転園は子どもにとっても試練になることがありますが、地元でずっと暮らしている子どもには、またその子なりの試練があります。

転勤族でも、地元密着でも、それはそれぞれの最善の家族の形であり、**子どもも家族の一員で、親と共に一緒に試練を乗り越えていく仲間**なのです。

「環境が変わっても、私はいつでもこの子のそばにいて、味方でいることができる」。

そのことに自信を持ってください。


子どもは大人が思うよりずっとたくましく、行く場所でその子なりの花を咲かせます。もしこの先、困ったことが起きたら、その時考えたらよいのです。

そして、今のこの瞬間を、転勤族の良い面を活かして、できる範囲の工夫で楽しんでいただきたいと思います。

引っ越しは大きな変化ですが、良いこともあります。「お友達と離れて申し訳ない」と思う必要はありません。

Question 3

小規模保育園を卒園し、3歳児クラスから新しい園へ。雰囲気が大きく変わり、子どもがなじめるか心配です。

●小規模保育園からの転園

小規模保育園を卒園した後に他の保育園や幼稚園に転園するなど、引っ越しの他にも転園による環境の変化が行きしぶりにつながることもあります。

小規模保育園の特徴として、

・0～2歳児が対象。定員は6～19名
・乳児に合わせた保育環境でゆったりとした雰囲気
・保育士の配置数が多いので、子どもや保護者に目が行き届きやすい

・園庭がなく、代わりに公園に出かけることが多い
・2歳児クラスを終えると卒園。転園先の保育園や幼稚園として、優先的に入れる「連携施設」を指定する園もある
などがあります。

一般的な転園先の特徴として、
・0～5歳児が対象。3、4、5歳児が一緒に活動することもある
・保育士の配置数は3、4、5歳児になると少なくなる
・子どもの人数が多いので、友達との関わりが増える
・園庭がある園が多い
・戸外活動や行事などで活動の幅が広がる
などがあります。

●真逆の環境に変わって

わが子のAは0～2歳児クラスの小規模保育園に、1歳から通っていました。その園はゆったりとした雰囲気の中で、保育士の人数も多く、子どもたちがのびのび生活している姿が印象的でした。また、一人一人の子どもたちのことをよく見てくれる安心感もあり、入園を決めました。

あっという間に2歳児クラスを卒園する時期が来て、転園先は優先的に入れる連携施設の保育園に決まりました。

転園先の保育園では3、4、5歳児が同じ部屋で過ごし、担任の先生の配置の数も減っていきます。連絡ノートはあっさりしたもので、今までの小規模保育園と真逆と言ってもいい環境でした。

初登園の日、保育園に到着するとたくさんの子どもたち、大きな声、広い環境、初めての先生。Aが泣いて登園することは想定内でした。

これから慣らし保育を始める子の保護者の方に知っておいていただきたいのですが、4月からの1カ月間の慣らし保育は、慣れるというよりは園の雰囲気を知るという期間だと考えておくことがおすすめです。

もう既に環境に慣れて生活している在園児、出来上がっている友達関係。その中で新入園児として入園する子どもは、心細い気持ちだと思います。

1カ月の慣らし保育で慣れるはず、と思っていると、現実とは違う場合がありま す。もちろん、子どもによっては泣かずにすぐに慣れていく子もいます。

Aは1カ月ほど経って少しずつ園に慣れていき、登園時に泣く時間も短くなってきた頃にゴールデンウィークがあって、休み明けはまた涙での登園から始まりました。

●季節の移り変わりとともに

Aはゴールデンウィーク明けも泣いて登園して、その後も涙の日々。

しかし、3、4、5歳が一緒に過ごす生活だったので上の年齢の子がお世話をしてくれていました。

夏ごろになると、少しずつ慣れてきて同じクラスの子と関わるようになり、登園しぶりは少なくなってきていました。好きなものや好きな活動を見つけていくことで、保育園も楽しんでいました。また、4、5歳の子に憧れを持って、自分もできる！とチャレンジしていくことも増えました。

そして秋には生活発表会がありました。Aは大人数の中でものびのび過ごしていて、友達との関わりも多く見られました。子どもたちの社会の中で生活している姿を見て成長を感じた瞬間でした。

さて、Aが転園して1年過ごした頃、保育園の話を聞いてみると、「前は友達がいなかったけど、今はたくさんいるよ。保育園は楽しいよ！」と話していました。表情はなんだかたくましく見えました。

同時に、入園後から少しずつ行っていた、意識的にAの話を聞いたり触れ合ったりする時間がこの姿につながったのかなとも感じました。

転園当初、人数の多い異年齢クラスに不安を感じていたAでしたが、4、5歳児は一緒に遊び、困っている時には手を貸し、3歳児の手伝いもしてくれて本当に頼もしい存在でした。

保育士の配置人数は減るのですが、4、5歳児が小さな保育士のようにサポートしてくれて、Aの安心感や、自分自身でも頑張る心の成長にもつながっていきました。

また、保育士の人数が少なくても、先生方は転園後の子どもの様子を気にかけて関わり、その姿を保護者に伝えるなどサポートしてくれたので、はじめに感じていた不安はなくなっていきました。

●1年間の見通しを持って

入園のときにはすぐに慣れていくはずと思っていても、なかなか慣れていかないと心配になりますが、3歳児クラスからの転園では夏から秋ごろに慣れていくという子もいます。

また、子どもが保育園で過ごしていく中で、「○○ちゃんに叩かれた」「○○ちゃんが嫌いって言ってきた」など話すこともあると思います。まず、「そうだったんだね」と伝え、話を全部聞き、本人がその出来事を気にしていたり、何度も繰り返して言う時には、保育園の先生に様子を聞いてみることがおすすめです。

子どもの話すことは、時には自分に都合のいいように変換されている可能性もあり、前後の出来事は言わないこともあるからです。

転園したからといってかわいそうなわけではなく、その環境を経験した子どもたちにとってはプラスの力になります。また、小規模保育園と、転園後の保育園でたくさんの友達ができ、多くの先生、さまざまな経験と出会うこともできます。

子どもの適応力はすごいです。また、好きな遊びを見つけて、気の合う友達と遊んだり、楽しいことを見つける天才です。

子どもは自分のペースで楽しみを見つけながら進んでいるので、親は子どもの力を信じて応援しながら見守っていくことがなにより大事です。

入園から1年間の見通しを持つことで、心配も減っていくはずです。

転園という新しい生活の中で、子どもも保護者の皆さんも少しずつ安心して過ごせますように。

変化があっても、子どもは自分のペースで慣れていきます。長い見通しを持って見守っていきましょう。

Question 4

担任の先生が変わったことがきっかけで、「行きたくない」と言うことが増えました。

「人的環境」の変化による行きしぶり

子どもにとっての「環境」は、家庭ばかりではありません。担任などの子どもにとって近い存在の職員も子どもにとっては大切な「環境」です。園の中では「人的環境」と呼び、担任は子どもとの信頼関係の構築を大切に考えていますので、子どもに近い職員が入れ替わることによる影響が生じることもあります。

担任がA先生からB先生へ変わったことで、子どもが「保育園に行きたくない」と言うようになったとします。保護者の立場からはそのことは保育園に伝えにくいものだと思うのです。
ついついご家庭で「そうだよね。A先生がよかったよね」と子どもの気持ちに共感した会話を重ねてしまいます。実はこの場合は、その共感がマイナスに働いてしまう可能性があるのです。

この背景としては、担任の変化による影響は、より年齢が低いお子さんの方が大きいということがあります。年齢の高いお子さんは、担任だけでなく友だちとの関係に支えられていますが、低年齢のお子さんの場合は友達よりも担任との関わりの方が大きいからです。

低年齢のお子さんの「行きたくない」という気持ちに対して、大人が先に「そうだよね。A先生がよかったよね」と言葉にしてしまうと、モヤモヤした気持ちが「A先生がよかった」という認識に固定されてしまいます。

これによって「行きたくない」という状態が強化したり長期化したりすると、親としては望まない結果になってしまうことがあるのです。

担任がB先生となったので、これから先をどうしたらいいか？と、過去から未来へと視点を移していく。そのように親子で一緒に歩んでいけたら、きっとたくさんの発見があると思うのです。

「人」ではなく、「行為」で見る

ここでは、２つのケースで対応を考えていきます。

Case 1　A先生がとても丁寧な先生で、B先生にそこまで求めるのはためらわれる場合。

A先生との関係で、お子さんが好きだった関わりは何でしょうか？

例えば、A先生は朝しゃがんで、子どもの目線で「おはよう」と言ってくれた。

B先生は少し離れたところから「おはよう」と言うだけ。

A先生がよかったという〝人〟に対する評価ではなく、このように具体的な事例で「朝しゃがんで『おはよう』と言ってくれたことがわが子にとっては大事な関わりだった」というように見ていくと、保育園にも伝わる余地が広がります。

具体的には、次のような伝え方が考えられます。

B先生、少し相談していいですか。

担任が代わったことをきっかけに『行きたくない』と言うようになりました。親としては新しいB先生のことを早く信頼できるようになってほしいと思っています。

そこで一つお願いがあるのです。

うちの子は朝しゃがんで「おはよう」と言われると、安心するみたいなのです。

B先生に慣れるまでの間でいいですから、ご配慮いただけないでしょうか?


「『行きたくない』と言うようになった」と、**苦情ではなく事実のみ**を伝え、「A先生はこうしてくれていた」と**A先生を引き合いに出さずに**、**将来の希望を共有**すると、B先生も受け入れやすくなると思います。

もしかしたらB先生は、どうしたらいいか気が付いていないだけで、単に「朝、しゃがんでおはようと言う」ことが大事なのだと知ったら実践してくれる可能性も高いです。情報の共有によりB先生との関係構築を進めていくことができるのです。

Case 2 B先生が、子どもに対して過剰に厳しい関わりをしているように感じる場合。

B先生との関係で、お子さんが苦手だと感じている関わりは何でしょう？

保護者の目線では、B先生のどのような関わりが厳しいと感じるのでしょうか？

例えば、B先生はお迎え時にわが子を呼び寄せる時に、「○ちゃん、お迎えだよ。ほら、お母さん待ってるでしょ！　早くしてあげな！」と雑な言い方が目立つ。きっと日中もそういう言い方が多いのだろうなと想像される。

B先生は怖いという〝人〟に対する評価ではなく、このように「『早く！』と急かしてくることがわが子にとっては苦手な関わりなのだろう」と具体的な〝行為〟を見ていくと、保育園にも伝えていく余地が広がります。

B先生、少し相談していいですか。
担任が代わったことをきっかけに『行きたくない』と言うようになりました。
親としては新しいB先生のことを早く信頼できるようになってほしいと思っています。

ここまでは先程の例と同じです。

うちの子は少しのんびりだから、お手数おかけしていることが多いですよね。
いつもありがとうございます。
ただうちの子は「早く～」と急かすと逆効果で、こじれたり余計に意欲がなくなったりしませんか？

と、子どもの特徴を共有した上で、B先生の認識を聞いてみます。
日中は急かしてもこじれることはない、とB先生が言うなら、

ではきっと、日中は頑張っているのですね。
だから朝は「行きたくない」と言いたくなってしまうのかもしれないですね……。
日中頑張っているようなら、お迎えの時は「早く～」と急かさずに少し待ってあげたいのですがいいでしょうか？
園の様子を教えてくださってありがとうございます。家でも様子を見ていきますが、また相談させてもらっていいですか？

というように、まずは親が見守れる範囲内で関わりを見直してもらえるように伝え、次へつなげます。
日中も急かすとこじれ、切り替えに時間がかかる、とB先生が言うなら、

家と同じですね。B先生はどのように対応しているのですか？
いい方法があったらぜひアドバイスしてください。
お迎えの時は、そのあと機嫌が悪くなってしまうと困るので「早く～」と急かさ

ずに対応したいのですが、大丈夫でしょうか?

これからもよろしくお願いします。


と、この場合もお迎え時の対応の見直しを伝え、次へつなげます。

●保護者と担任が相談し合える関係を

少し厳しい対応が身に付いている保育士は、自分で「それでいい」と思い込んでいることが多いです。身に付いているものを変えるには一定の時間を必要としますので、長い目で見ていただければと思います。

1カ月以上状況が変わらない、または悪化するようならば、主任や園長という管理職に相談するのも一つの方法です。

お子さんが新しい担任に慣れていくためにも、まずは保護者の方が新しい担任と相談し合える関係に踏み出していただけるとうれしいです。

担任が変わる際に一つご理解をいただきたいのは、職員にも事情があるということです。結婚や出産、家族の転勤などで年度末以外にライフスタイルが変わることがありますし、事故や病気などで仕事の継続が難しくなってしまうこともあります。

せめて年度末まで担任でいてほしかったという思いはあるかとは思いますが、職員にもそれぞれの選択と判断があったことを受け入れていただけると助かります。

業務量の多さなどで時間が取りづらい時もありますが、保育士は本来、保護者の方と積極的に話したいのです。

保護者の方から声をかけていただけるのはうれしいことですので、柔らかい表現を工夫することで〝遠慮〟という壁が少しでも低くなることを願っています。

新しい先生との関係をつくることに目を向け、具体的な行為に注目して相談をしてみましょう。

Question 5

園の行事が近くなり、行きしぶることが増えた気がします。

●行事前の環境の変化

保育園の環境の変化として、園内の雰囲気が変わる時があります。それは行事の前です。

運動会や発表会をするためには、その「練習」という課題が保育の中に入ってきます。

近年では、「行事は日常の保育の延長であり、子どもたちの興味や関心からプログラムを一緒に考えていきましょう！」と、行事に関しても子どもを主体にしている園が増えてきていますが、一方で「私たちの園では、4歳児クラスになったら○

○をして、5歳児クラスでは◎◎をするのが伝統になっています」というように、行事前になると子どもたちが一生懸命練習をしなくてはならない園もまだまだあります。

入園前の説明で、「運動会では○○をして、発表会では△△をして、作品展では◎◎のようなものをつくり、進級式では□□のことを行います」と華やかな行事が並び、さまざまな体験ができることが園の特徴とされていて、親としてもその行事を楽しみにしている。園の職員は保護者の期待に応えるために、一定レベルの発表を一つの「成功」と捉えて一生懸命取り組んでいく。

このように、周りの大人の関心が「子どもの成長」よりも「行事の成功」に偏ってしまうタイミングを、子どもの心は見逃しません。

保育室の環境も同じ、担任も同じだけれど、「時間の使い方」という環境が変化します。その変化の幅が大きい場合に、子どもの心がSOSを出すことがあることを視野に入れておきましょう。

いつもなら午前中は散歩に出かけ公園でたくさん遊んでいたのに、行事のための練習で〝ちゃんとしなくてはいけない〟時間が多くなり、公園で遊ぶのはほんの少し……。

いつもならささいなことはおおらかに接してくれている先生が、「何回も言っているでしょう！　立つ位置はここ！」と少しピリピリすることが多い……。

送迎時はいつも通りでも、このように日中の時間の使い方、保育士の関わり方という環境が変化している背景があるかもしれないと、お子さんの日常を想像してみてください。

●事例から見る親の対応例

参考までに、私の子ども時代の記憶とその時の親の対応を次のページからご紹介します。

Case 1 発表会に出たくない

私は歌うのが好きでした。歌の練習まではとても楽しかったです。ところが、歌の衣装としてお面をつくることを先生から提案されました。

先生が提示する見本を見ながら、お面にする絵を描きました。私はゆっくりと取り組むタイプでしたが、発表会までの限られた時間でつくらなくてはならないので、納得がいかない仕上がりのままのお面が完成したものとして扱われました。

友達の作品はとても立派に見えます。自分の中では未完成なお面が嫌で仕方ありません。それでも次の日から、お面をつけての練習が始まりました。歌うことは好きでも、お面をつけて前に立つ自分が嫌でたまらない。

「保育園に行きたくない」とは言えないので、「おなかが痛い」と言いました。

1日目は休んで医者に行きました。「なんでもない」と言われましたが、私はおなかが痛く感じていました。

親は何かあると察したのでしょう。話を聞いてくれました。

「そうか……お面が嫌なんだね。じゃあ、見に行ったときにお面は見ないね。」

「他の人にも見られるから嫌だよ。」

「大丈夫、親は自分の子が一番だから、みんな自分の子を一生懸命応援しているよ。お父さんとお母さんも自分の子が一番だから、お面は見ないようにして、目をつぶって歌を聴くようにするね！」

うろ覚えではありますが、そんなふうに励まされた覚えがあります。

子どもは**ささいな苦手感から、全部が嫌になってしまっている**ことがあります。
そんな時に、園に行くことや行事の全部を頑張ることを期待するのではなく、わが子が今、楽しめていることは何なのかを探り当てて、「その楽しいことを応援しているよ！」「あなたが一番だよ！」と関わっていくことが大切なのかもしれません。

Case 2

跳び箱が跳べない

5歳児クラスの運動会では跳び箱を披露することが毎年のプログラムでした。クラスには、3段、4段と軽やかに跳ぶお友達もいます。跳べる子は練習が終わったら園庭に遊びに出て行けますが、跳べないと残って練習になります。時間をかけながら跳べるようになっていく子もいますが、私は跳べませんでした。自分が他の子よりもできないことを実感する毎日はとても苦痛でした。

運動会の練習と共に、朝になるとおなかが痛くなる日が始まります。親にとっては「また始まった……」と思ったことでしょう。

跳び箱が跳べないこと、練習ばかりで遊ぶ時間がないことなどを話しました。

「大丈夫。跳び箱が跳べなくても、大人になって困ることは何もないから。」

「でも、運動会で跳べなかったらかっこ悪いよ。」

「かっこ悪いのは、挑戦しないことじゃないかな？　うまくいかなくても、一生懸命挑戦しているなら、それはかっこいい姿だと思うよ。」

そして、担任の先生に伝えてくれました。

「家では、挑戦することは大事にしていますが、結果としてできるようになるかどうかにはこだわっていないです。」


その後の運動会の結果などは不思議と覚えていないのです。

もしかしたら、一番低い段をギリギリ跳べたような……？

〝結果ではなく挑戦していく〟という姿勢だけが今でも残っています。


行事は成長の一つの機会ではありますが、みんなと同じ結果が出せる「成功」を求めてしまうと苦しくなります。「成功」を求める一方でお子さんが「失敗」をつきつけられ、「自分にはできる」という気持ちを持てなくなるというリスクも抱えています。

行事に向かう取り組みの中で、親が保育者と一緒になって行事で「成功」する姿に期待を持ちすぎてしまうと、お子さんの心の揺れ動きを大きくしてしまうかもしれません。


みんなに合わせて頑張ることが「成長」ではありません。

あなたが一番大事。あなたらしく楽しんでね！

そういうお子さんの人生にとって大切なメッセージを伝える機会として捉えてみてもらえたらうれしいです。

行事前の準備を、子どもが大きな変化と感じていることも。「成功」にこだわらず、応援している気持ちを伝えましょう。

Tea Time

ちゃんと「おしまい」にするのも必要なこと

子育てをされている方の世代は、ライフスタイルが変わる時期と重なります。5年後、10年後……いやいや1年後のことすら先が読めない不安定な環境で、一生懸命お子さんの築いた社会を受け入れて頑張っていらっしゃるお母さん、お父さんたちとたくさん関わってきました。

・せっかくお友達をつくっても、来年はここにいないかもしれない。
・こんなふうに親子で登園するのが習慣化してきたけれども、下の子が生まれるかもしれない。そしたらどんなふうに変化していくんだろう。
・そろそろ夫の転勤があるかもしれない。上の子の就学は？　下の子は保育園に入れる？　私の仕事は続けられる？

・引っ越し先では、親子共々新しいお友達はできるだろうか。
・将来はどこに住むことになって、そもそもこの子たちの地元はどこになるんだろう。
・子どもの習い事は？　送り迎えは？　アクセスはどうなるんだろう。

自分を含め変化を受け入れられるのか、全く青写真を描けない。そんな漠然とした不安を抱きながら子育てをされている方は多いかと思います。

そうではなくても、日々成長する子どものスピードや変化に付いていくのがやっとで、どっぷりと不安に向き合う時間すらないかもしれません。

そうして迎えた新生活で、子どもが登園をしぶる姿を見たら、ずっと抱えていた不安がさらに膨らんで、心配で心配で胸が張り裂けそうになるのではと想像します。

私が4歳児クラス（年中さん）を受け持った時、年度の途中で他の園から男の子が転園してきました。

5月の連休明けからの入園で、ご家族の転勤に伴う転居からの転園でした。保育園生活は長く、集団にずっと身を置いていたとのことで、登園をしぶることなく保護者の方との分離もスムーズでした。

よく遊び、黙々とブロックやパズル、電車やボードゲームをしたり、外遊びでは鉄棒やかけっこ。のびのび遊ぶ姿が多く、何も心配はないように思えました。

何日か過ぎた頃、少し気になることがありました。器用だし、運動神経もいい。活発でよく遊ぶ。遊んでいる時は大きな声で歌ったりおどけたり、じゃれあって友達とも遊ぶし、保育者にもすぐに慣れて追いかけてきたり追いかけられようとしたり。やんちゃで少し甘えん坊でちょっとシャイな感じの照れ屋さんでした。

でも、朝の会やお集まり、みんなで何かしようという場面には参加せず、隅っこで膝を抱えてしまうのです。

年中さんくらいになると、意見の主張や友達の目を気にし始めます。〝みんなの中の自分〟に気付き、揺れ動く頃。私は無理強いせず様子を見ることにしました。

そんな中、お母さんとの個人面談で前の園での様子を伺った時に、「引っ越しもあったのでバタバタしていたのもあり、なんとなく普通に登園して普通に帰ってきて。最終日はそんな感じでした」とおっしゃった時に、あ……と思いました。

もちろん、会話の中では「もうすぐお引っ越しをする」「保育園も変わる」「新しい保育園に行くんだ」と話していたそうなので、本人は納得していたのだと思います。

でも、もしかしたら。

お友達や先生とちゃんとお別れしてないのかもしれない。

状況は理解しているんだけれども、ちゃんと自分の中で切り替えてないのかもしれない。

お子さんの中には、すぐに状況に順応する子もいます。しかし、先の見通しに〝納得〟をセットにしないと、切り替えたり乗り越えたりするのがつらかったり困難だったりする繊細なお子さんもいます。

大人はどうしても、「悲しくて寂しい思いをする状況をわざわざ伝えるのはかえってかわいそうなんじゃないか」「お別れの場面は、子どもを傷つけてしまうのではないか」。そんなふうに思ってしまいがちです。

でも、お子さんは一緒に生活する〝仲間〟です。

生活のスタイルや状況が変わるのは、悲しかったり寂しかったり、つらかったりするものかもしれません。泣いて嫌がる場面もあるかもしれません。でも、お子さんに負い目を感じたり申し訳ないという思いから、ちゃんと〝切り替える〟〝おしまいにする〟場面を取り上げてしまうのは、かえってお子さんに対して失礼なのではないかなと思うのです。


さてその転入してきた男の子は、〝クラス〟とか〝仲間〟を意識するような集団での集まりや会には参加しなかったので、自由遊びの時にこっそり呼んでこんな話をしました。

「前の園でどんなことをしたの？」

「何が楽しかった？」

「給食とかおやつは何が好きだったの？」

「どんな先生やお友達がいたの？」

一つ一つに、ポツリポツリと答えてくれて、

「そうなんだ、楽しかったんだね！」

と言うと、「うん！」と答えてくれました。

「きっと、お友達は○○くんをずっと応援してくれてるし、ずっとお友達。先生は先生。変わらないよ。○○くん、いいなぁ。みんなよりたくさん友達や先生がいるんだね。」


すぐにはその子の様子が変わることはありませんでした。頑なに、〝クラスとしての活動〟には参加せず見ているだけでしたが、1年が経つ頃には異年齢で遊ぶ時にはしっかりお兄さんとして年下の友達の面倒を見たり、友達とのけんかの仲裁を

したり。同じ年齢の友達には意見をぶつけ合う場面も見られるようになりました。それまでのなんとなく他所者（よそもの）みたいな感覚から、〝仲間〟になっていく様子が見てとれました。

ちゃんとお別れをして、〝おしまい〟にしていなかった人間関係があったから、新しい場所ではまだ自分の居場所に切り替えられていなかった。

その子の姿を見ていて、そんなふうに思いました。

まだ乳児クラスの子が、登園の時に泣いてお家の方を追って分離できない場面をよく見かけます。そしてお家の方はつらい気持ちで、わが子が他に気を取られた隙に、保育者に託して出かけてしまうというケースもよくあります。

でも、たとえ泣き叫んでもお家の人とちゃんとお別れができていない場合、「大好きなお母さんは知らないうちに行ってしまう」。そんな不安をずっと抱えていることになります。

その時は悲しくても、ちゃんと「行ってきます、また迎えにくるからね」と別れを告げた方が、小さい赤ちゃんでも胸にストンと落ちるのです。泣きじゃくりながらも楽しいことを探し始めるのは早いです。

それと通じるものがあるように感じます。


子どもには、ちゃんと乗り越える力・切り替える力・バネにする力・楽しさに変換する力が必ずあります。

生活を共にする仲間として尊重してあげて、変化するライフスタイルを一緒に楽しめたら。

きっとそれが、ご家族の財産や強みになるのでは、と思います。

5章

体調が悪いのかな
と思ったら

「子どもはいつでも頑張っています。
心や体の不具合を
うまく表現できない場合もあります。
親の勘も大切に、
時には思い切って休んでしまいましょう。」

朝になると「おなかが痛い」と言いますが、本当に体調不良なのでしょうか。

●「行きたくない」に隠れているもの

子どもたちがさまざまに表現する、親から見たら「困ったなあ」という行動。少し視点を変えて、看護師から見た子どもの心身の健康という観点でお話ししたいと思います。

これまでの章から、「園に行きたくない」と子どもが言う時、それは子どもの発達上で生まれてくる自然な姿であったり、成長の過程で親子で越えていかなくてはならないハードルのような場合があることは十分にご理解いただけたのではないでしょうか。

このようにほとんどの場合、行きしぶりは発達過程で起こる子どもの自然な姿なのですが、稀にそうではない場合が隠れています。

「頭が痛い」。高熱を出したYちゃんの場合

5歳のYちゃんは保育園に月曜日から土曜日まで通っています。保護者はお仕事が忙しく、お友達の中で誰よりも早く一番最初に来て、一番最後までいます。どうやら日曜日も度々、休日保育のある別の園に通っているようです。

ある月曜日、Yちゃんが「先生、頭が痛い」と、やってきました。

「あれ、お風邪でもひいたかな？」

お熱を測ったのですが熱はないし、その他の目立った症状もないようです。その日は少し医務室で休んで、私と一緒におしゃべりした後に保育室に戻っていきました。

次の日、相変わらずYちゃんは保育園に一番乗りです。登園してしばらく

時間が経ち、お友達や先生がみんなやってきた頃に、

「先生、頭が痛い。」

また、そう言って私の元へやってきました。やはり検温しても、体を観察しても、気になるような他の症状は見当たりません。おしゃべりをしてしばらく休んだら、「治った」と言ってお友達のいる保育室で遊び出しました。

ところがその次の日も、Yちゃんは頭痛を訴えて保育室の隅でうずくまっていました。すぐ治るとはいえ、さすがに頭痛が3日間も続くのは心配です。Yちゃんのお母さんと少し時間をとって話すことにしました。

「Yちゃんここのところ、3日連続で頭痛を訴えているんです。お家でのご様子はいかがですか?」と尋ねると、「いえ、特に変わりないですよ。Yは家では痛いなんて言ったことないです」とおっしゃいます。

「気分だと思いますよ。」

そう言って、お母さんはYちゃんを連れて帰っていきました。

その翌日、登園したYちゃんは、はたしてまた頭痛を訴えました。今回は痛がり方が普通ではありません。横にして休ませ、体温を測ると、みるみるうちに体温計は39℃をさします。

頭痛が続いた後の高熱は怖い病気が隠れていることもありますので、すぐに保護者に連絡を取り、経過を話してかかりつけ医に受診をすすめます。その日はお母さんのお迎えで保育園を早退し、Yちゃんはお家に帰って行きました。

翌日、39℃の発熱の後ですので、今日はYちゃんはお休みだろう、と思っていました。ところが出勤するとYちゃんが保育室の隅で座っているのが見えるではありませんか。驚いて受け入れた保育士に確認すると、「お母さんのお話だと、自宅に帰り着いたらすぐに平熱に下がったそうです。なので、受診もしなかったとのことで、今日も元気だからと登園してきたみたいです。」

保育室の隅で座っているYちゃんの、しゅんとした様子を見ながら、なんとも言えない気持ちになりました。

元気のないYちゃんの様子を毎日見守っていた私たちでしたが、朝早くから保育園にYちゃんを預けて急いで仕事に行き、帰りもクタクタで迎えに来るYちゃんのお母さんは、Yちゃんの気持ちが疲れてしまっていることに気付けない様子でした。担任保育士から、Yちゃんが元気のない日が続いていること、保育園ではしょっちゅう頭痛を訴えるけれども、お母さんがお迎えに来る時間には元気になること、もしかしたら、お母さんとゆっくりお話をしたいのかもしれません、とお伝えしてみることにしました。

ハッとした様子で担任保育士の話を聞いていたYちゃんのお母さんは「わかりました、考えてみます」と帰っていかれました。

土曜日も日曜日も保育に行っていたYちゃんですが、その翌週の土曜保育がキャンセルになりました。どうやら日曜日の保育もお休みしたようです。

月曜日、Yちゃんの連絡帳にお母さんからこんな連絡がありました。

「先日はありがとうございました。お話を伺って先週末、思い切って完全に休みをとり、娘と自宅でゆっくりしました。『ママと遊べなくてイヤだった』と娘から聞いて、娘がしっかりして何も言わないことに甘え、大人の都合で振り回していたことを反省しました。」

ゆっくり過ごしたこの土日がYちゃんにとってとてもうれしいことだったのでしょう。担任保育士にママとしたことを楽しそうに話してくれたYちゃんは、その後頭痛を訴えることはなくなりました。

●「痛い」「具合が悪い」に込められた子どものSOS

「おなかが痛い」「頭が痛い」「喉が痛い」……だから「行きたくない」と続く時。

何かにつけて「〇〇が痛い」を理由にして訴える時。

乳幼児の場合、嫌なことやつらいことがあってもうまく言語化することができません。気持ちの適切な表現方法を獲得していないために、「痛い」という言葉を使ってそれを訴えている場合があります。

「痛い」＝ＳＯＳになっていることがあるのです。

きちんと言葉で説明できる年齢になれば、お友達に嫌なことをされる、○○の練習が嫌い、先生が怖い、親に甘えたい、など理由を話して「行きたくない」と言えるところ、それができない年齢の場合、自分の身に起きている不都合な事態を感じ、知らせる方法として「痛い」を使うことがあります。

Ｙちゃんのように、実際に高い熱が出たり、湿疹が出たりと、本当に体の症状として現れることもあります。

年齢が上がればもう少し複雑になり、「痛い」と言えば親が心配してくれたり、そばについていてくれることを見通しとして持っていて、体調の悪さを訴えることがあります。

「痛い」は「話を聞いて」という子どもからのメッセージなのかもしれません。

朝早くから夜遅くまで、休みなく忙しい日々が続く時、1日でもいいから、大好きな親のそばでお家でゆっくり過ごす。親にじっくり話を聞いてもらう。

そんなホッとする時間が子どもたちにあるように、と願うのです。

体調不良は、子どもからのメッセージという場合も。親子でホッとする時間もつくってみてください。

Question 2

はっきりとは言えないけれど、なんとなく子どもの様子がおかしいような気がします。

●なんとなく、ぐずぐず億劫なAちゃんの場合

「なんだかAの様子がいつもと違う気がします。」

ある日、2歳児のAちゃんのお母さんが保育士にポツリと言いました。

少し、いつもより元気がないような、園に行くときにちょっと億劫がるような、ぐずぐずするような、日常によくある行きしぶりで、ものすごく気になるというほどでもない、というような感じなのだけど、とお母さんは言います。その感じがしてから半月ほど経っているそうです。

保育士に呼ばれてAちゃんの様子を見に行った私は、「お母さんが少しでも気になるなら、遠慮しないでかかりつけ医で相談してみた方がいいですよ」と伝えました。

その週末かかりつけ医にかかったのですが、特に異常はない、と言われてしまいました。

「そう言われるんですが、やっぱりどうも気にかかるんですよね」と言うお母さん。

相談を受けた私たちは、お母さんと協力して情報を共有し合い、保育園でもAちゃんの小さな変化を見逃さないように注意深く観察することにしました。

そんなことがあって1カ月経とうかというある日、Aちゃんのおむつに吸収された尿が、本当にうっすらとピンクに色づいていることに気付きました。

排尿のたびにピンク色というわけではなく、薄黄色の正常な色のこともありますす。見間違いということもあるかもしれませんので、お母さんと情報を共有し、さらに注意深く、観察を続けました。

数日後、またおむつがうっすらピンク色に染まりました。今度こそ見間違いではありません。お母さんは再度Aちゃんを連れてかかりつけ医に行き、事情を話して、より大きな病院を受診しました。

詳しく検査をしたところ、なんとAちゃんのおなかの中で、腫瘍が大きくなりつつあったのがわかったのです。幸いなことに発見が早かったため大事に至らず、Aちゃんは治療を乗り越えてまた元気に保育園に通っています。

●親の「何かおかしいな」の勘を信じる

親の勘、というのは本当にすごい、と思わされたエピソードです。

子どもは自分の置かれている状況を適切な方法で表現することが難しいです。心や体の不具合を行きしぶりという方法で表現していることがあります。

「痛い」をSOSに使っていることがあるかもしれないのは前に述べた通りですが、本当に痛いということもあります。

なんとなくぐずぐず機嫌が悪い、朝動きたがらない、などの子どもの様子に、「またいろいろ言って園に行きたくないんでしょう」と軽く思っていたら、大変な病気の前触れだったということもあります。

ここが、子どもの様子を判断する際に難しいところです。

子どもと暮らしていて、「ここで無理すると、きっと体調を崩すなぁ」とか、「今日はこのまま登園させて平気かなぁ」とか、「予感」のようなものを感じられたことのある方は決して少なくないと思います。

親の勘はすごいです。たいてい、その勘は当たっています。

親がおかしい、と思ったことは間違いなく、おかしいのです。

ただ実はこの勘、親であれば誰でも備わっているかというとそうではありません。

普段の子どもの様子を知らなければ、子どもの変化に気付くことができません。

勘というのは働かそうと思って子どもを観察し、考えることで磨かれていきます。

それが積み重なることで「親の勘」が磨き上がり、結果として「当たる」のです。

子どものことを一番見て、知っているのは親です。

第三者が客観的に見ることで理解が進んだり、新たな発見ができることももちろんありますが、勘を働かそうと思いながら大切な子どもを観察してきた親にかなうものはありません。

誰よりも子どもを慈しみ、手塩にかけて育ててきたのは、親のあなたです。

子どもの言うこと、行動を見て、親として感じたことを、たとえうまく言語化できないとしても信じていただきたいと思います。

そのためにも、今の子どものことをよく観察しておいてほしいのです。

親の勘というのは当たるものです。気になることは遠慮なく伝えてください。

Question 3

ばんそうこうを貼らないと保育園に行かない、というわが子に困っています。

ばんそうこうだらけのRちゃんの場合

3歳になるRちゃんのお母さんは、ここのところちょっとしたことでテコでも動かなくなるRちゃんにほとほと困っています。

ヨーグルトが食べたかった、長袖を着たくない、このおもちゃで遊びたい……。ことあるごとに抵抗し、かんしゃくを起こして出かけようとしても出かけられず、保育園に時間通り行けないことも増えてきました。

「保育園行かない！」

大泣きするRちゃんを無理やり抱えて、引きはがすように預かってもらう毎日。

子どものいる生活はただそれだけで大変です。加えて最近任された責任あるお仕事との板挟みで、お母さんはだんだんRちゃんの抵抗に向かい合う気力がなくなってきてしまいました。


「先生、ばんそうこうって貼りっぱなしだとよくないですよね。」

ある日、Rちゃんの担任の保育士が相談に来ました。

「そうですね、皮膚に負担もかかるし、雑菌が繁殖しやすくなるので、必要のないものははがしてほしいですね。」

「そうですよね。実はRちゃんの貼っているばんそうこうがとても汚くて……。」

様子を見に行くと、Rちゃんの右手の人差し指と中指にキャラクターのばんそうこうがグルッと巻かれていました。指しゃぶりをするRちゃん。ばんそうこうは唾液で濡れ、お昼に食べたミートソースのオレンジ色に染まっています。

詳しく話を聞くと、実際にけがをしてばんそうこうをしているわけではないこと、このばんそうこうもすでに数日貼っているものだということ、取り替えようといっても絶対にイヤだと言って大泣きするのだということがわかりました。

保育園ではばんそうこうが貼ってある場合、どんなけがなのかを預かる時に必ず確認します。朝、ばんそうこうを見た保育士がお母さんに尋ねると、「キャラクターのばんそうこうを貼ったら保育園に行く、というので貼っています」。

困った顔をして教えてくれたそうです。

この日を境に、Rちゃんの両手にどんどんばんそうこうが増えていきます。ついには両手の指全部にばんそうこうが付くようになりました。

自然にはがれてしまったり、遊びに夢中になっていて、はがれたことにR

ちゃんが気が付かない場合にはかんしゃくを起こすこともないので、あまりにも汚い時や皮膚が荒れているような時には、申し訳ないけれどもお昼寝の時にそっとはがすこともありました。

お母さんも貼りっぱなしがよくないことはわかっていて、なるべくはがしたいと思っているのですが、「保育園に行かない！」と、朝動かなくなってしまうことを考えると、Rちゃんの言う通りにせざるを得ず、そのことにジレンマを感じているようでした。

ある日、Rちゃんのばんそうこうの一つが粘着力がなくなり、今にも取れそうにぶら下がっていたので「はがそう？」と言うと、案の定、「絶対にイヤだ！　痛いからイヤだ！」と、大泣きを始めました。お昼寝前の静かな時間だったので、他の子どもたちと少し離れて、２人きりで少しゆっくりと遊ぶことにしました。

Rちゃんのお気に入りの遊びでしばらくのんびりとしていたら、急にRちゃんが、「ばんそうこう、はがす」。

指を出してきました。

「そうだねぇ、取れそうだもんね、じゃあ先生はがすね」と言ったら、素直にはがさせて、そのまま一緒にみんなの部屋に戻り、コロッとお昼寝をしてしまいました。

お迎えの時、お母さんにこの出来事を伝えると、「Rも頑張っているんですね」とおっしゃるので、「お母さんもいっぱい頑張ってるんだよね」と何の気なしにRちゃんに話しかけたら、お母さんの目から堰を切ったようにポロポロと涙がこぼれ落ちます。

「すみません……」と嗚咽しながら涙するお母さんの背をさすると、お母さんが本当に精いっぱい気を張って頑張っていたことが伝わってきました。

「お母さんも無理しないで、たまには休んでくださいね」と伝えると、はい、と笑って帰って行かれました。

数日後、お母さんから、今日一日ゆっくりします、とRちゃんのお休みの連絡がありました。公園に行って日なたぼっこをしたり、おいしいランチを食べたり、2人でお昼寝したりしてのんびり過ごしたそうです。

翌日、登園したRちゃんの指にはばんそうこうが2枚でした。それから増えたり減ったりしながらも、いつの間にかキャラクターのばんそうこうはRちゃんの指から消えていきました。

●子どもはいつでも頑張っている

子どもたちを医務室で診ていて、子どもたちは本当に毎日精いっぱい頑張っていると痛感します。保育園や幼稚園での集団生活は、子どもはストレスなく毎日楽しく遊んでいるように思っていらっしゃる方もいるかもしれません。

しかし、子どもたちにとっては**集団生活というのは気力も体力も使う大変な時間**なのです。

子どもが集団生活をする場所にはほとんどの場合、人の視線から逃れられるようなスペースはありません。常にお友達や先生の視線にさらされながら、みんなと合わせたペースで過ごさなくてはなりません。

「ちょっと疲れたなあ」と思っても勝手にゴロゴロできません。ちょっと具合が悪いなあと思ってもお迎えが来るまでは園にいなくてはなりません。

それでも、数時間～多い子で半日をもその場所で過ごすのです。

仕事をする親も大変ですが、子どもも大変です。


どんな小さな子どもでも、自分が園に行かなくてはならないことを、その年齢なりに理解をしています。小さいなりに大人の事情をくんで園に通っているわけです。

私たちは子どもが家族の一員として家庭の事情に協力してくれているのだ、ということを忘れないようにしなくてはなりません。

親が生活を支えるためにさまざまな仕事をしているように、**子どもも園に通う、という仕事をしてくれている**のです。

●親も子も休んで大丈夫

子どもは親の様子をよく見ています。親が困っていれば子どもなりの方法で助けようと思っています。

体調は悪くありませんか？　最近、忙しすぎて疲労困憊（こんぱい）ではないですか？　悩み事がありませんか？

そんな親の状況を感じとった子どもの親への思いが「園へ行きたくない」につながっていることもあるのです。

行きしぶりを考えるとき、子どものことだけではなく、親自身のことも振り返ってみてください。

親あっての子どもです。**親自身も大切にしなくてはならない**のです。

今の時代、親も子どもも本当に疲れています。時には親子で何もかも放り出して思いきって休んでしまいましょう。

大丈夫です。長い人生のほんのいっときです。今この時に少し歩みを止めたからといって取り返しのつかないことは起こりません。

振り返ればあんなこともあったね、と笑える日が必ずやってきます。

子どもと向かい合う、今この瞬間の時間を大切にしていただきたいと思います。

集団生活は子どもにとってもストレスがかかります。
ふだん頑張っている親も子も、時には休む時間を。

親も自分を大切にしてください

当たり前のことですが、親としての経験年数は子どもの年齢と同じです。

私は子育てに、ベテランとか新人とかはないと思っています。

オギャーと生まれた瞬間に、子育ての旅は始まります。その途中の道のりは、かわいくて楽しくて幸せな場面ばかりではないでしょう。

心配で、しんどくて、わからなくて。不安で、重たくて、時には逃げ出したい。そんな感情もあるはずです。

乳児期の頃は泣き出すと、どうしてなのか、どうしたらいいのか……途方に暮れて、自分も泣き出したくなってしまう。そんな経験は誰にでもあるのではないでしょうか。

どこか痛いのかもしれない、どこか悪いのかもしれない。このままで大丈夫なのだろうか。不安で不安でたまらなくなります。

幼児期になると、つらいことがあるんじゃないだろうか、いじめられているんじゃないだろうか、嫌な思いをしているんじゃないだろうか……。心配は尽きません。

いつになったら、こんな心配でたまらない気持ちから解放されるのだろう。

次から次へと不安が襲ってきて、この子を抱えてどこへ向かえばいいのだろう。

病院？　発達の相談？　遊びに連れ出せばいいのか？　気分転換？　それともただ休ませればいいのか？　甘やかさずに慌てずにいつもと同じでいいのか？　……行き先すらもわからなくなる。

子どもに体調不良を訴えられれば訴えられるほど、その気持ちは膨らんでいくことでしょう。

そんな時は、迷わず専門機関を頼ったり任せてしまうことも大切です。

〝お母さんなのに、お父さんなのに気付かなかったのか？〟〝一番の理解者ではないのか？〟

古くから、親という存在に対する社会の目は厳しいものでした。全てを受け止め、正解を導く……それが親だとされてきました。

でも、親だというだけで、いきなり全てを理解し適切に対応できるはずはないのです。

その子との付き合いは、その子の年齢そのものなのですから、一緒に旅していく中で、お互いを知っていくのです。

子どもは小さくても、外では親といる時と違う顔を持ち、それぞれの居場所に身を置いています。

親は子どもの全部がわからなくて当然です。

「私がそばにいる時だけ、子どもの体調も気持ちもなんだか不安定になる気がするんです……。」

肩を落とし、自信をなくしたお母さんに私はよくこんな言葉をかけます。

「親であると同時に、一人の人として自分自身を大切にしながら少し距離を置く時間もあっていいはずです。一人でお茶を飲む。好きな音楽を聞く。本を読む。買い物をする。そんな時間が楽しめたら子育てはその分、豊かになるはずです。」

もちろん自由に使える時間は限られていて、なかなか距離がとれないのが現実だと思います。でもわずかな時間でも自分のために使ってみる、使ってみていいんだ！という気持ちを持つだけでも、周りの風景は違って見えてきます。

旅の途中、いろいろなオプションをそれぞれに楽しむことで、旅の仲間のサインが見えたり、気付いたりできるようになるものです。

旅の目標は、目的地に到着することだけではありません。

景色を眺めたり、羽を休めたり、それぞれの自由時間を満喫したり。

一緒に旅する仲間同士として相手のそんな時間を尊重し合いながら楽しんでいけたら素敵だなと思います。

6章

発達に心配のある
お子さん

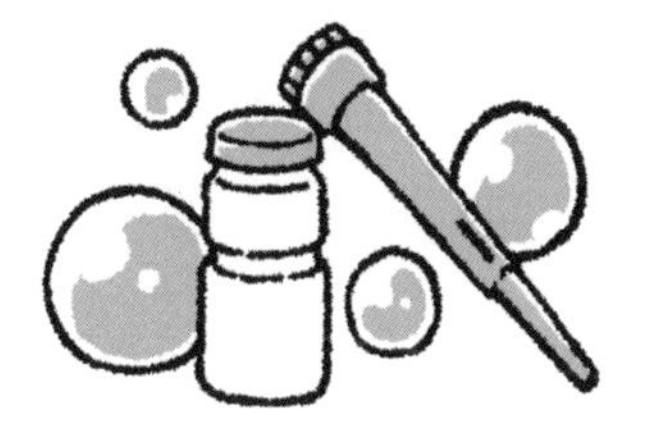

「どんな子どもも、
今を楽しく生きています。
それが新しい挑戦につながります。
親は不安になるよりも、
子どもを信頼してみましょう。」

Question 1

発達がゆっくりめなわが子。園になじむのも時間がかかり、この先が心配です。

●環境の変化へのとまどい

自分の気持ちを言葉で表現することが少し難しいな……

まわりのお友達と比べると、ささいなことにも過敏に反応しているな……

お友達と遊ぶより、1人で遊んでいることが多いな……

など、成長や発達に心配があるお子さんの行きしぶりについて、考えてみたいと思います。


保育室が変わる、保育者が変わる、お友達が変わるなど、大人にとってはささいと思われる環境の変化ですが、子どもにとっては大変なことです。

例えば、食事の準備をしたり、片づけたり、お掃除をしたりと毎日やっている家事を、今お住まいの家ではなく、「違う家庭に行ってやってください」と言われたらどうでしょう。家庭により、物の配置が違ったり、物自体が違ったり、使い方がよくわからなかったりなどして、いつもとは同じ家事でも最初は戸惑うと思います。

進級などで環境が変わった時の子どもたちも、同じような状況です。お部屋で遊んで、園庭で遊んで、給食を食べて、お昼寝をして……とそれまでと何ら変わらない活動でも、環境の変化により、戸惑う姿が見られます。

●新しい環境になじむスピードはそれぞれ

環境の変化による戸惑いを最小限にしようと、保育者は工夫をしています。おもちゃは前年度のクラスで遊んでいたものにする、生活の流れは変えない、新しいクラスに慣れるまでは新しい活動を取り入れるのはやめておくなどして、できるだけ変化を最小限にしようと対応をしています。

この対応があって、子どもたちは徐々に保育者との信頼関係ができ、お友達とも安心して遊ぶことができるようになり、環境に慣れていきます。

ただ、**新しい環境になじんでいくスピードは子どもによりそれぞれ**です。あっという間に慣れる子どももいれば、なかなか慣れない子どももいます。

なかなか環境になじめない、慣れない子の中には、「園に行きたくない」「給食を食べない」「トイレで排泄できない」「しゃべらない」など、何かをしない、できないということで表現する子もいれば、「イライラしている」「気分の浮き沈みが激しい」など、感情に表れる子もいます。

保護者の方にとっては、わが子以外の子どもたちは楽しそうに園生活を送っているのに、なかなか環境に慣れず、家庭とは違う姿が見られたり、つらそうな姿であると、どうしてあげたらよいのか悩まれる状況だと思います。

●通園先とのパートナーシップを

お子さんのことで悩まれることがあったら、通園先の保育者と個別にお話しすることをおすすめします。

「でも、先生方は忙しいですよね」「気が引けます」「こんなことで面談をお願いしていいのでしょうか」など、保護者の方からよくお聞きします。

保護者の心配や不安は、お子さんに伝わるものです。どうぞここは遠慮なく、通園先の保育者に「○○な様子が気になっているので、個別にお話しする時間をとっていただけないでしょうか」と伝えてみてください。

保護者支援については、厚生労働省の「保育所保育指針解説」の中に「保護者の疑問や要望には対話を通して誠実に対応すること、保育士等と保護者の間で子どもに関する情報の交換を細やかに行うこと」とも書かれており、時間を調整して対応してもらえると思います。

子どもが生活する通園先と家庭の連携は、子どもが健やかに成長していく上で欠かせないものです。乗り物に例えれば両輪であると思います。どちらかだけが大きかったり、よく回っていても、乗り物としてはうまく進みません。

子どもの育ちにおいては、**通園先と家庭が同じ歩みを進められること**が大事になってきます。

個別に話す機会ができたら、不安に思っていること、心配なことを伝えてみましょう。できれば、「私は、子どもが○○な状況にあることを不安に思っています」と、**「私」を主語にして話す**と、保護者の不安が伝わりやすくなります。

不安や心配を伝えた上で、通園先での様子を聞いてみましょう。そして、家庭での様子を伝えてみましょう。

お互いに子どもを真ん中に置いて、それぞれの場所でどのような状況なのか共有し、保護者が不安に思っていることをどう解決していけるか、考えていけるのがベストだと思います。

状況を共有して、解決策を行っても、そんなにうまくいかないこともあります。とくに成長や発達に不安のあるお子さんの場合、うまく通園先と意思疎通をすることができず、保護者が一人苦しんでいらっしゃることがあります。

地域差がありますが、児童発達支援センターや子育て支援センター、家庭児童相談室など、自治体には子どもについての相談にのってくれるところがあります。自治体がやっていますから無料ですし、ご相談されることをおすすめします。

お母さん一人で抱えずに、一緒に考えてくれる人、安心して悩みを話せる人に出会えることはとても大切です。

●相談支援の現場から

私自身、相談支援事業所（福祉サービスの利用調整をお手伝いするところ）で2歳位のお子さんから小学生までのご相談に応じています。

入園や入学といった、環境が大きく変わる時期のご相談を受けることもあります。

入園は、家庭という小さい集団から園という大きな集団へ、入学は園よりももっと大きな集団へ移行していく時期です。

先が見えない不安は保護者の方が大きく、お子さんたちは、新しい世界にワクワクしていることが多いように感じます。


現代は、わからないことを知ることがとても簡単になりました。スマホで調べれば、わからないことは事細かに出てきます。

しかし、未来は調べても出てきません。だから、以前よりも新しい世界への不安は強くなっているように感じます。

不安だから、保護者の方はついお子さんにこう言ってしまうことが多いように思います。

「○○してたら、幼稚園に行けないよ」「○○しないと、小学生になれないよ」。

予測できない未来への不安はよくわかります。発達に心配があれば、なお不安は大きくなるでしょう。

しかし、どんな子どもでも、今を楽しく生きています。今を充実して生きていくことができれば、心身ともに安定し、新しい世界へ挑戦する力も自然と付いてきます。

どんな子育てにも、不安はつきものです。

そこで一つ提案です。その不安を信頼に変えてみませんか。

こんなに楽しく今を過ごし、遊んでいるわが子なら、きっと次の世界でも楽しんで過ごしていけるというお子さんへの信頼です。

未来を不安に思う気持ちではなく、今を感じ、信頼していくこと。たくさんの相談をお受けしていて、現代の子育てに大事なことの一つだと感じています。

必要なら登園先なども相談しながら、未来の心配よりも「今」に目を向けてみましょう。

もうすぐ発表会。園で練習をしていますが、お友達のようにうまくできず、親もゆううつです。

●いつもと違う行事活動に不安感を持つ子も

こどもの日や運動会、発表会など、通園先ではさまざまな行事活動が用意されていることが多いです。

日本の四季を感じ、伝統的な習慣・風習を伝えていく行事もあれば、生活や遊びの成果を保護者に発表するような行事活動もあります。

成果を見せるようなタイプの行事活動では、保育所等によっては集団の見栄え、出来栄えをとても気にするところもあります。

高度な内容の上に見栄え、出来栄えが求められると、自然と保育者の緊張感も強くなります。子どもたちへも緊張感を求めるようなところもあります。

行事前の行きしぶりについては157ページからでも触れていますが、とくに発達に心配のあるお子さんや繊細なお子さんにとっては、いつもと違う緊張感や空気感を感じて、「行きたくない」と登園をしぶったり、給食を食べなくなったり、乱暴になったりなどの行動が見られることがあります。

いつも同じこと、変わらないことが安定感、安心感につながる傾向のあるお子さんにとっては、少しの変化も不安になる材料になってしまいます。

しかし、まわりの大人にとっては、どうしてそれまでと違う行動を見せるようになったのか、理解しづらいことがあります。

行事が終了したら、以前のようなお子さんの状況に戻って、行事が原因だったと後から気が付くこともあります。

●子ども、親にとっての行事活動

私のこれまでの相談の中では、あるお子さんが「急に壁紙を破るようになった」「おもちゃをわざと散らかすようになった」「給食の際にごはんを投げるようになった」など、困った行動が増えたということがあり、運動会が終わったらそれがぴたっとなくなったという事例がありました。

そのお子さんにとっては、運動会に向けて練習が始まり、自分の好きな遊びはできなくなるし、みんなに合わせて行動することを求められるし、みんなで同じことを同じようにやる楽しさが理解できなくて戸惑っていたのだと思います。

行事活動について、保護者の方からは、「〝公開処刑〟のようでつらいです」と言われたことがあります。

子どもたちがみんなで同じことを同じように取り組むことがあたりまえになって

いる場で、わが子だけが同じようにできない。一人だけ自分の好きなこと、やりたいことをやっている姿を見せられる。だから行事活動に、保護者が参加したくない、考えただけで頭が痛い、と言うのです。

コロナ禍を通して、行事活動のあり方について考え直し、行事への取り組み方を変化させている保育所等も増えています。子どもの成長にとっての行事活動のあり方を考え直す時に来ているのではないかと感じます。

行事活動は園での練習の成果を見るというよりも、子どもたちの成長を喜ぶ機会だと考えると、お子さんなりの成長を見出せるのではないでしょうか。

お友達と比べて「できた」「できない」よりも、お子さん自身の成長に目を向けてみてください。

Tea Time

子どもには乗り越える力が必ずあります

長年保育者として保育の現場にいると、繊細な子や神経質な子ほど生きづらさを感じて一生懸命その場に身を置いている姿を見かけます。

かくいう私も子どものころ、どこにいても何か居心地の悪さを感じてきました。

もうとても昔のことになりますが、幼稚園に行きたくないと口に出して言えない毎日を過ごしていました。

ある日泣くという手段で登園をしぶりました。その時父が「行きたくない場所には行かなくていい」と驚くようなことを言ったのです。

幼稚園を休んで昼間家にいると、それはそれで落ち着かず、どこにいたらいいのかわからない。ずっと天井を眺めたり、そわそわしていたのを覚えています。

何日か休んだある時、母が何気なく聞いてきました。

「何が嫌なの？」

……答えられませんでした。

何が嫌なのか？　朝の支度？　お集まり？　歌やお遊戯？　運動遊び？　着替え？　お弁当？　お絵描き？

……あ！　折り紙だ。

「折り紙がみんなと折れないの。」

言語化するのに何日かかかりました。

母は「そうなんだ、折り紙が嫌だったんだね」。そう言っただけでした。

それからじわじわと、自分の中で幼稚園での折り紙の時間を思い出し、子どもなりに自分を分析したように思います。

何日か経ったある日、父が会社の帰りに折り紙と折り紙の本を買ってきました。

「今日から毎日、お父さんと一日一つ、折り紙を折ろうよ。そしてこの箱に入れるんだ。」

かわいいビスケットの空箱を見つけてきて言いました。

その日から、毎日一つずつ父と折り紙を折るのが日課になりました。

ウサギ、カメ、風船、チューリップ、鳥……。

箱にいくつか溜まった頃、自然に幼稚園に行くようになっていました。

その後、父とその時の話をしたことはありません。

どんな思いだったのか、どんな思惑があったのか、など聞いたことがないのでわからないのですが、今思うと自分と向き合う時間をつくってくれたのかな、なんて感じています。

いつもはいない時間帯の家の風景。違う時間が流れているように感じたことを今でも覚えています。

4歳、5歳くらいになると、自分の中での自分と闘う場面があって、その子にしかわからない事情があるのです。

私の父や母の関わりが正しかったという話ではありません。すぐに言語化できる子もいますし、対応を急がないといけない場合もあります。

就学が現実として迫ってきた頃の登園しぶりに、

「このまま学校も不登校なんてことになってしまうのでは……」

という不安いっぱいの保護者の方に、私はこんなふうに声をかけます。

「大切なのは、とにかく丸ごと受け止めて、わが子が何に向かい闘っているのか、原因を突き止めるというよりも『一緒に向き合うよ』というメッセージを送ってあげることかもしれません。乗り越える力は必ずあります。時には羽を休ませてあげて、気持ちを共有する。お母さん、お父さん自身が一緒につらくなってしまいそうなら、園の保育者や子育て相談の機関など、どんどん頼ってください。」

旅はこれからも続きます。チクッと心が痛む経験は、次に同じような場面が来た時に乗り越える力になります。そう信じて一緒に向かってあげてほしいと思います。

あとがき

この本を手に取り、お読みいただきありがとうございました。

保育園・幼稚園への行きしぶりを解決していくための本でありながら、「こんなふうにすれば、園に行くようになります」というような操作的な子育て法は語っていません。

子どもは一人一人がその発達の過程の中で、その子なりの思いや願いを持っていること。

わが子の心を理解しながら、親も子どもと一緒に育っていること。

保護者である皆様が、一生懸命子育てしている自分を受け止め、もっと自分を大事にしていいということ。

私たち「しあわせお母さんプロジェクト」のメンバーが、保護者の皆様にメッセージを贈るときに大切にしていることを、この本の中でも大切に言葉にさせていただきました。


子育ては長い道のりです。

自分が80歳になり、わが子が50歳になったとしても、親は親で子は子です。

今、目の前の子どもを「操作する」ための子育て法ではなく、長い人生を歩んでいく中でのパートナーの一人としてお子さんと心を通わせていく視点を贈りたいと思います。

子どもの心が見えたら「大変だ」と悩んでいたことが、わが子への愛しさに変わる。

そんな子育ての視点の転換にお役立ていただければと思います。


「喜怒哀楽」という人間らしい感情をまっすぐに表現する豊かな子ども時代。子どもが行きしぶりをしている最中は、親は悩み、大変な思いをしているかもしれませんが、長い人生の中では子どものイヤイヤやアクシデントも素敵な彩りになると思うのです。たくさん寄り道をして、その家庭だけの思い出を残していただければと思います。

この先皆様が、子育ての「正しさ」よりも「楽しさ」に出会っていただけるよう願っています。

２０２４年　５月

ＮＰＯ法人こども発達実践協議会　しあわせお母さんプロジェクト

阿部 美波
伊澤 幸代
加藤 麻衣
平出 朝子
矢島 弥生
代表理事　河合 清美

〔著者紹介〕
しあわせお母さんプロジェクト
（阿部 美波、伊澤 幸代、
加藤 麻衣、平出 朝子、
矢島 弥生、河合 清美〈代表理事〉）

2020年に首都圏近郊で勤務する保育園園長、保育士、看護師などのメンバーで立ち上げたプロジェクト（運営団体：NPO法人こども発達実践協議会）。子どもの発達や親の心の視点から、X（旧ツイッター）で育児に関する悩みや不安に応え、これまでに600超の質問に回答している。

〔Xアカウント〕@HappyMamaPJ

〔note〕https://note.com/hmpj/
note へのリンクはこちら▶

表紙・p17・章扉イラスト：じゃりあスケッチ
p1 イラスト：K.M.S.P. / PIXTA(ピクスタ)

子どもの登園しぶりに困ったら
保育士、看護師からのメッセージ

2024年7月16日　初版第1刷発行　　定価はカバーに表示してあります

著　者　しあわせお母さんプロジェクト
発行者　河　野　和　憲

発行所　株式会社 彩 流 社
〒101-0051 東京都千代田区神田神保町3-10 大行ビル6階
TEL 03-3234-5931 FAX 03-3234-5932
ウェブサイト https://www.sairyusha.co.jp
E-mail sairyusha@sairyusha.co.jp

印刷　信毎書籍印刷㈱
製本　㈱村上製本所
装幀　福田真一［DEN GRAPHICS］

ISBN 978-4-7791-2978-0 C0037

彩流社の関連書

いま、子育てどうする？
感染症・災害・ＡＩ時代を親子で生き抜くヒント集 35
弘田 陽介／話し手　棚澤 明子／聞き手

2021 年 2 月発行
A5 判 184 ページ　1,600 円＋税
ISBN 9784779127311

乳児期の親と子の絆をめぐって
しあわせな人を育てるために
澁井 展子／著

2017 年 3 月発行
四六判 208 ページ　1,800 円＋税
ISBN 9784779170782